DE
LA PYRIDINE ET DE LA COLLIDINE

COMME
MÉDICAMENTS RESPIRATOIRES

ÉTUDE EXPÉRIMENTALE ET CLINIQUE

PAR

Henri DANDIEU

Docteur en médecine de la Faculté de Paris
Officier d'Académie

AVEC UNE NOTE PHYSIOLOGIQUE

DE

M. le Docteur LABORDE

Chef des travaux physiologiques à la Faculté de Paris

4 grandes planches hors texte

PARIS

O. STEINHEIL, LIBRAIRE-ÉDITEUR
2, RUE CASIMIR-DELAVIGNE, 2

1886

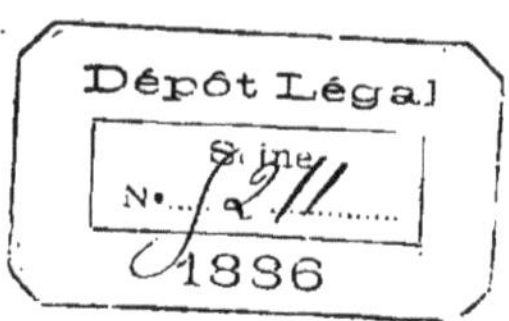

DE LA

PYRIDINE ET DE LA COLLIDINE

COMME

MEDICAMENTS RESPIRATOIRES

LA PYRIDINE ET DE LA COLLIDINE

COMME

MÉDICAMENTS RESPIRATOIRES

ÉTUDE EXPÉRIMENTALE ET CLINIQUE

PAR

Henri DANDIEU

Docteur en médecine de la Faculté de Paris
Officier d'Académie

AVEC UNE NOTE PHYSIOLOGIQUE

DE

M. le Docteur LABORDE

Chef des travaux physiologiques à la Faculté de Paris.

4 grandes planches hors texte

PARIS

G. STEINHEIL, LIBRAIRE-ÉDITEUR

Successeur de H. LAUWEREYNS

2, RUE CASIMIR-DELAVIGNE, 2

1886

DE

LA PYRIDINE

ET DE

LA COLLIDINE

COMME MÉDICAMENTS RESPIRATOIRES

INTRODUCTION.

L'idée de prendre pour sujet de dissertation inaugurale l'étude thérapeutique de la pyridine nous a été suggérée par les heureux résultats qu'a obtenus, avec ce médicament, M. le professeur G. Sée dans les cas d'asthmes nerveux et cardiaques.

Cet éminent maître qui a tant fait pour la clinique et la thérapeutique en général, a tout fait pour l'*asthme* ; il y a dix-neuf ans il en découvre la nature intime ; le 10 juillet 1878, il en indique, à l'Académie de médecine, la médication curative par excellence : l'iodure de potassium à la dose de 2 grammes ; le 2 juin 1885, dans une communication à l'Académie des Sciences, il indique une seconde méthode curative: le traitement par les *inhalations pyridiques*.

Il me semble intéressant de montrer comment ce remarquable observateur a été conduit à essayer la pyridine pour combattre les dyspnées asthmatiques, et voici en quelques mots l'histoire et l'origine thérapeutique de ce nouveau médicament qui est appelé, nous en sommes convaincu, à rendre de grands services.

En 1843, Nicolas Frisi dit merveille d'un remède empirique employé en Amérique pour combattre la dyspnée ; on brûlait de l'amadou nitré ou du papier à filtre, et le malade qui respirait la fumée épaisse, blanche, qui s'en dégageait, se trouvait soulagé ; l'accès d'asthme était coupé ou enrayé. Plus tard, les asthmatiques fumèrent avec efficacité des cigarettes faites d'un mélange de tabac et de datura, etc.

Le savant professeur de l'Hôtel-Dieu se demanda devant les résultats obtenus, et qu'on ne peut nier, s'ils ne devaient pas être attribués à une substance active, particulière, existant dans les produits de combustion de tout végétal et en particulier du tabac, de la belladone, du datura, de l'amadou nitré, du papier.

La connaissance physiologique et thérapeutique des produits gazeux que les divers chimistes ont signalés dans les fumées végétales, c'est-à-dire de l'ammoniaque, de l'acide carbonique, de l'oxyde de carbone, du protoxyde d'azote, de la nicotine, de l'atropine, etc., ne pouvait expliquer l'uniformité des effets obtenus ; restait à étudier l'action physiologique et thérapeutique des *bases pyridiques* que l'on trouve dans la combustion de toute plante.

Des expériences instituées dans ce but et faites par le professeur G. Sée et le regretté Dr Bochefontaine leur enseignèrent que la pyridine diminue le pouvoir réflexe de la moelle et du centre respiratoire bulbaire, pouvoir réflexe qui se trouve précisément exagéré dans l'asthme.

Voilà comment notre savant maître a été conduit à faire des essais thérapeutiques de la *pyridine* dans les accès d'asthme nerveux ou cardiaques.

Les résultats obtenus sont des plus satisfaisants; on pourra en juger par la lecture si instructive de l'article, *traitement de l'asthme* dans son beau livre des maladies simples du poumon, paru en 1886, et par les observations de notre thèse relatives à différentes maladies, observations que la bienveillance de notre maître et le concours de son chef de clinique, M. le docteur Capitan, nous ont permis de rassembler dans leur service de la clinique de l'Hôtel-Dieu.

Suivant les conseils du professeur G. Sée et sous sa direction, nous avons fait l'étude physiologique des autres bases pyridiques, en particulier de la *collidine*. Nos expériences ont été faites sur des grenouilles, des cobayes, des lapins. Ces substances ayant des propriétés analogues à la pyridine, nous nous sommes cru autorisé à faire des essais thérapeutiques. Nous avons surtout utilisé la collidine, et consignons dans plusieurs observations les résultats obtenus par cette base; elle agit absolument dans les mêmes conditions que la pyridine.

Nous avons ainsi divisé notre travail :

I. — Histoire chimique de la pyridine et de la col-
lidine.
II. — Physiologie de la pyridine.
III. — Physiologie de la collidine.
IV. — Thérapeutique :
a) Doses et mode d'administration ;
b) Action sur les divers organes ;
c) Propriétés thérapeutiques.
V. — Observations suivies de quelques réflexions.
VI. — Conclusions.

Comme ces nouveaux médicaments agissent sur la respiration, puisqu'ils guérissent ou soulagent les malades atteints de dyspnée ou d'oppression, nous nous sommes proposé de traduire par des tracés graphiques les modifications survenues dans la fonction respiratoire à la suite d'inhalations pyridiques, modifications qui portent sur l'amplitude, la fréquence et le rythme, c'est-à-dire la durée relative des inspirations et expirations ; ce sont bien là les caractères les plus intéressants de la respiration.

Pour prendre ces tracés, nous nous sommes servi du pneumographe perfectionné de M. Marey et de son cylindre enregistreur, au maniement desquels nous nous sommes longtemps exercé.

Nous nous sommes d'ailleurs entouré de toutes les précautions que recommande ce savant, dont les admirables travaux ont amené la méthode graphique à ses dernières limites de précision et d'analyse, afin d'écarter autant qu'on peut le faire toute cause d'erreur. Le pneumographe était mis en place dix minutes avant toute expérience et restait appliqué toujours au même endroit et avec la même longueur de ceinture; « l'appareil étant ainsi adapté, dit l'éminent professeur du collège de France, l'amplitude reste fixe si la respiration est régulière et ne se modifie qu'autant que les mouvements respiratoires se modifient eux-mêmes; on peut donc, par la comparaison des amplitudes des différentes courbes, déduire l'amplitude comparative des mouvements qui les ont produits. »

Le patient tournait le dos au cylindre enregistreur que nous mettions en mouvement; nous nous efforcions d'ailleurs de détourner son attention du tracé qui s'enregistrait automatiquement; il est bien entendu que les malades n'étaient pas prévenus des résultats que nous pensions constater. Nous prenions ainsi cinq tracés.

Laissant l'appareil en place, le malade respirait des vapeurs pyridiques pendant huit minutes. Nous prenions cinq nouveaux tracés, à dix minutes d'intervalle chacun.

Si nous sommes entré dans tous ces détails, c'est pour montrer la rigueur des résultats graphiques que nous reproduisons à la fin de cette thèse. Ajoutons que les phénomènes subjectifs ressentis par le malade étaient en parfait accord avec les changements survenus dans les courbes pneumographiques.

Avant d'entrer en matière, qu'il nous soit permis d'adresser à M. le professeur G. Sée, l'hommage de notre reconnaissance pour la manière bienveillante avec laquelle il nous a dirigé dans cette étude. Nous le remercions en outre de ce qu'il a bien voulu nous faire l'honneur d'accepter la présidence de notre thèse.

Que M. le Dr Capitan veuille bien recevoir l'expression de notre gratitude pour les conseils qu'il nous a prodigués.

Nous ne saurions oublier de témoigner notre reconnaissance à M. Pignol, interne du service, qui a bien voulu nous aider dans nos recherches physiologiques.

Nous remercions aussi M. Beunoit qui a bien voulu mettre à notre disposition son habile talent pour la reproduction de nos tracés pneumographiques.

I. — CHIMIE.

Modes de formation et préparation. — La Pyridine,
C^5H^5Az, a été découverte par Anderson dans les produits huileux provenant de la distillation sèche des
os (huile animale de Dippel) [*Transact of the Roy. Soc.
Edinburgh*, t. XX, 2ᵉ part., p. 247, et *An. der. Chem.
u. Phar.*, t. LXXX, p. 55]. Plus tard on l'a trouvée parmi
les produits de la distillation des schistes bitumineux du
Dorsetshire (C. Greville Williams, *Journ. of the Chem.
Soc. London*, t. VII, p. 97), dans le goudron de houille,
parmi les produits de distillation de la tourbe d'Irlande
(Church et Owen, *Phil. Mag.*, t. XX, p. 110).

Williams étudiant avec plus de soin que Gerhardt
les produits de la distillation de la cinchonine sur la
potasse, a isolé en même temps que la série des bases
quinoléiques, une plus petite quantité des bases de la
série pyridique. Il considèra ces dernières comme iso-
mériques des bases pyridiques retirées précédemment
des divers goudrons. Le prototype pyridine ne peut
être en aucune manière isomérique, comme cela est
reconnu depuis. Quant aux homologues, Œchsner de
Coninck, reprenant les travaux de Williams, a montré
que la plupart de ces bases sont effectivement isomé-
riques, et que cette isomérie tient aux diverses positions
de la nature des divers radicaux contenus. Il n'existe

que très peu ou point de pyridine, mais il a isolé surtout la β lutidine, et principalement la β collidine.

Voit' et Eulenburg ont signalé la pyridine et ses homologues dans la fumée de tabac. Cahours et Etard, dans leurs études, ont démontré que dans les attaques diverses qui peuvent être faites de la nicotine, de manière à engendrer des bases pyridiques, c'est surtout la propylpyridine qui prend naissance (collidine). Les résultats de Voit et Eulenburg ont été attaqués au point de vue auquel ils se sont placés.

MM. Th. Chapmann et H. Smith ont obtenu la pyridine synthétiquement, en enlevant de l'eau à l'azotate d'amyle :

$$C^5H^{11}, AzO^3 = \underbrace{C^5H^5Az}_{\text{Pyridine.}} + 3H^2O$$

Ils ont opéré la déshydratation au moyen de l'anhydride phosphorique, en chauffant avec précaution un mélange, fait à 0°, d'azotate d'amyle et d'anhydride phosphorique. Cette réaction donne beaucoup de produits bruts, mal définis, et seulement peu de base C^5H^5Az ; l'identité de cette dernière avec la pyridine a été démontrée par la suite (*Ann. der Chem. u. Pharm. Supplementband VI*, p. 329).

La synthèse de Chapman et Smith n'est pas une synthèse systématique apprenant la constitution de la pyridine ; celle de Ramsay, acide cyanhydrique et acétylène condensés au rouge, mènent directement à la conception de Korner : Que la pyridine et la quinoléine

sont respectivement des benzines et des naphtalines
azotées.

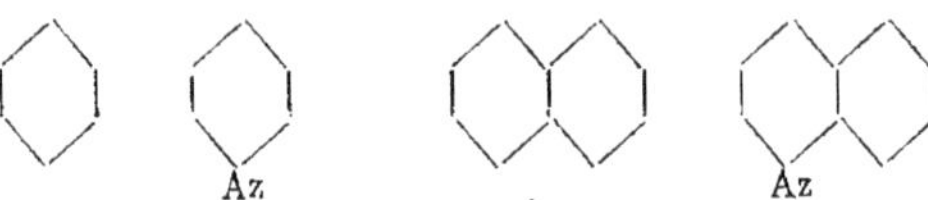

A l'appui de la conception précédente est venue la
synthèse de Skraup par la glycérine, l'acide sulfurique,
la nitrobenzine et l'aniline, ce qui a démontré la constitution.

Les auteurs se sont lancés dans deux sortes de recherches. La première série de travaux s'adresse à des
produits synthétiques obtenus par des procédés entièrement différents, mais qui tous contiennent, comme
terme ultime de condensation, le noyau pyridique ou
quinoléique. C'est ainsi qu'on a eu : 1° les anciens
travaux de Boyer sur la synthèse de la picoline, par le
tribromure d'allyle ou l'acroléine et l'ammoniaque et
qui est une β picoline, comme l'ont montré la synthèse
analogue de Zanoni et la série des synthèses de Hes-
chiel ; 2° la synthèse de l'aldéhydine (triméthylpyri-
dine symétrique) réalisée par M. Wurtz au moyen de
l'ammoniaque et de l'alcool, ou, ce qui revient au même,
par la condensation de l'aldéhyde-ammoniaque ; 3° les
synthèses de Hantzsch, par l'acétylacétate d'éthyle et
l'aldéhyde ammoniaque ; il engendre ainsi un dihydro-
collidine carbonate d'éthyle symétrique ; ses travaux
deviennent entre ses mains et celles de ses élèves la
source de toute une série de produits ; 4° les synthèses

de Dœbner et Miller (quinaldine) par l'aniline, la nitrobenzine et l'aldéhyde ammoniaque, ou bien la paral-
déhyde; 5° les synthèses de Know, par l'aniline et l'acétylacétate d'éthyle. Dans toutes les séries précédentes,
on n'avait fait que des noyaux quinoléiques et pyridiques. On a imaginé de nouveaux noyaux. C'est ainsi
que Know a exécuté la synthèse des méthyloxyqui-
nizines (d'où dérive l'antipyrine bien connue), en em-
ployant la phénylhydrazine au lieu d'aniline dans
l'expérience précédente ; il a engendré de même dans
cette voie les pyrazols, les pyridazines et les pyrco-
lines.

Hinsberg a exécuté la synthèse de corps semblables
aux pyridazines, par le glyoxal et l'orthophénylène-
diamine (quinoxalines). Ces corps sont des quinoléines
où le noyau pyridique est diazoté.

Pinner a dans une voie analogue créé les pyrimi-
dines, qui diffèrent à la fois des pyridazines et des quinoxalines en ce que le noyau pyridique, au lieu d'avoir
ses azotes en $\alpha\,\alpha$ ou $\alpha,\,\gamma$ les a en $\alpha\,\beta$.

Une toute autre voie a été suivie par les chimistes
qui vont suivre. Depuis que Wischnegradsky a eu
l'opinion que les alcaloïdes naturels étaient des dérivés
de la pyridine, les recherches se sont multipliées.

Kœnigs s'est adressé en premier lieu à la pipéridine que
Cahours avait étudiée autrefois. Il l'a transformée en
pyridine, et M. Ladenburg, venant quelques instants
après, a inauguré une nouvelle méthode de synthèse
en transformant les bases pyridiques en bases pipé-
ridiques, et la pyridine en pipéridine. La pipéridine

n'est donc autre chose qu'un hexahydrure de pyridine et de plus, avec une base quelconque de nature pyridique, on peut arriver à faire une base pipéridique parallèle.

M. Gautier, étudiant les ptomaïnes de la putréfaction, a constaté parmi ces bases des bases pyridiques et hydropyridiques à constatation difficile à déterminer, en raison de la quantité des matières qu'on obtient généralement.

MM. Cahours et Etard ont étudié la nicotine. On savait, après MM. Huber, Weidel et Laiblin, que l'oxydation donne un acide monocarboné de la pyridine β pyridino-carboné. MM. Cahours et Etard ont montré que la nicotine est une isodipyridine unie à 4 atomes d'hydrogène ; mais la formule de constitution n'est pas connue d'une manière positive.

MM. Hardy et Calmels ont étudié la pilocarpine. Ils ont caractérisé la pilocarpine comme étant la triméthyl α propiobétaïne substituée de β pyridine en place α (β pyridine α triméthyl α propiobétaïne). Ils en ont fait la synthèse en partant de l'acide β pyridino-carboné de la pyridine.

La pyridine représente le premier terme connu d'une série de bases homologues qui prennent toutes naissance, en même temps qu'elle, dans la distillation sèche des diverses matières organiques.

On a préparé par synthèse, plusieurs bases très analogues aux alcalis de cette série (pyridine, picolline, collidine), mais leur identité avec les bases pyridiques n'est pas rigoureusement démontrée dans certains cas.

Les bases pyridiques sont très stables et résistent surtout à l'action des oxydants ; chauffées avec du sodium, elles subissent une transformation polymérique et se convertissent en bases dipyridiques et dipyridiles.

On connaît aujourd'hui les termes suivants :

		Points d'ébullition.	Densité à 22°.
Pyridine	C^5H^5Az	115°	0,924
Picoline	C^6H^7Az	134°	0,933
Lutidine	C^7H^9Az	154°	0,945
Collidine	$C^8H^{11}Az$	170°	0,958

Ces chiffres, qui sont empruntés au mémoire de Thenius (*Chem. Centralbl* ; 1862, p. 53, et *Repert de Chim. appl.*, 1842, p. 181), ne sont pas en accord avec les indications antérieures d'Anderson sur le même sujet ; Anderson avait donné les constantes suivantes :

		Densité à 0°.
Pyridine	116°,7	0,9858
Picoline	135°	0,9613
Lutidine	154°,5	0,9467
Collidine	180°	0,9139

Il existe donc une différence notable pour le point d'ébullition de la collidine et les poids spécifiques de toutes les bases ; ces derniers diminuent, d'après Anderson, tandis qu'ils augmentent, d'après Thenius, à mesure qu'on monte dans la série. Il est vrai que les chiffres d'Anderson se rapportent aux bases de l'huile animale de Dippel, tandis que Thenius a opéré sur les bases du goudron de houille, mais les caractères chimiques des deux classes d'alcalis concordent tellement, qu'on ne peut pas invoquer une isomérie. Thénius, qui a opéré sur des milliers de kilogrammes de goudron, paraît avoir obtenu des bases très pures.

Pour extraire la pyridine des huiles provenant de la destruction des matières organiques, on suit le procédé général qui sert à la préparation des bases pyridiques (1).

On agite avec de l'acide sulfurique étendu d'eau les huiles provenant de la distillation des matières organiques. Après repos, le liquide aqueux est soutiré et bouilli jusqu'à cessation de dégagement de pyrrol; à ce moment on le passe, on le sursature avec de la soude caustique, et on le distille. Le liquide distillé est saturé par de la potasse caustique en morceaux. Les bases pyridiques viennent nager à la surface; on les recueille et on les soumet à une série de distillations fractionnées; la pyridine passe vers 115°; la collidine vers 179° (2).

Propriétés. — La pyridine constitue un liquide incolore, très mobile, d'une odeur très pénétrante. — Elle bout à 116°,7 (Anderson), 115° (Thénius) et possède, à 0° une densité de 0,9858 ; sa densité de vapeur a été trouvée de 2,916 (théorie, 2,734). L'indice de réfraction déter-

---

(1) Voir Dictionnaire Wurtz et son supplément.

(2) Nous remercions M. Calmels, chimiste à l'Hôtel-Dieu, pour les nombreux renseignements qu'il nous a donnés.

miné à 21,5 par Gladstone et Dale est, pour la raie A 1,4940 ; pour D 1,5030 ; pour H, 1,5387.

La pyridine est miscible avec l'eau en toutes proportions ; la potasse et la soude la séparent de cette solution. Elle bleuit le tournesol rouge et donne d'abondantes fumées blanches avec l'acide chlorhydrique. Elle précipite à froid les sels de zinc, de fer, de manganèse et d'aluminium ; les sels de nickel ne sont précipités qu'à chaud et le précipité se dissout dans un excès de réactif.

La pyridine produit dans le chlorure cuivrique un précipité qui se dissout dans un excès de base, en un liquide bleu clair, qui par l'évaporation fournit des aiguilles bleu clair d'un sel double ; avec le chlorure de zinc, elle donne un sel double analogue, peu soluble dans l'eau froide.

Comme toutes les bases de cette série, la pyridine est très stable et résiste à l'action oxydante de l'acide nitrique fumant et de l'acide chromique. Le chlore est absorbé rapidement par la solution aqueuse de pyridine ; le liquide se colore, répand une odeur piquante, et la potasse en sépare un corps résineux foncé. Lorsqu'on verse de la pyridine en excès dans un ballon rempli de chlore sec, elle se convertit en une masse cristalline blanche d'où l'eau extrait du chlorhydrate de pyridine, et laisse une poudre blanche insoluble ; ce composé, qui se dissout dans l'alcool, est probablement du chlorhydrate de trichloropyridine. La pyridine se combine immédiatement avec la vapeur de brome et donne un produit solide, composé presque entièrement de bromhydrate de pyridine. Lorsqu'on évapore un

mélange de pyridine et de teinture d'iode, on obtient
principalement l'iodhydrate de la base, et une petite
quantité de substance brune. (Anderson, *Transact.*
Soc. Edimburght, t. XXl, 4° part., p. 571, 1857.

Chauffée pendant quelques jours avec du sodium, la
pyridine se polymérise et se transforme en dipyri-
dine.

Comme les bases tertiaires en général, elle fixe directement de l'iodure d'éthyle et donne l'iodure d'un
ammonium.

En 1880, Cahours et Etard soumirent la nicotine à la
distillation sèche, et isolèrent une petite quantité de
pyridine, de picoline et de lutidine, ainsi qu'une pro-
portion notable de collidine. (*Bul. Soc. chim.*).

Ajoutons que la présence des bases pyridiques a été
signalée très récemment dans l'ammoniaque du commerce, dans les alcools amylique et méthylique bruts.

Hartenger (*Monatsh. Chem*, t. III), a rencontré une
petite quantité de pyridine dans l'alcool amylique du
commerce.

Oechsner de Coninck en a trouvé dans quelques échan-
tillons d'esprit de bois brut. (*Société chimique*, séance du
22 février 1884.)

Hofmann a oxydé le chlorhydrate de pipéridine en
solution aqueuse concentrée, par un excès de brome à
une température de 200-220°; il a obtenu une dibromoxy-
pyridine, $C^5H^3Br^2AzO$; en attaquant l'acétylpipéridine
par le brome, le même auteur a isolé une monobromo
et une dibromopyridine et de la pyridine. (*Deutsch.*
Chem. Gesellsch. 1883.)

Kœnigs a repris l'étude de cette réaction, mais au lieu d'employer le brome, il a chauffé à 300° de la bipéridine avec un excès d'acide sulfurique concentré ; il a obtenu *une quantité assez notable de pyridine.*

L'action d'un excès d'oxyde d'argent sur la pipéridine en solution aqueuse donne également naissance à de la pyridine, mais le rendement est très faible.

En traitant par le brome une solution de chlorhydrate de pyridine, Hofmann a obtenu un produit d'addition renfermant $C^5H^5Az.Br^2$, se dédoublant à une douce chaleur en brome et pyridine ; lorsqu'on le soumet à l'action d'une température de 200°, en tubes scellés, il se produit une notable quantité d'acide bromhydrique et un dérivé cristallisé (probablement une dibromo pyridine). Grimaux a montré qu'en arrosant le bromure de pyridine brut avec son poids d'alcool, on obtient au bout de vingt-quatre heures, $(C^5H^5Az_1Br^2)^2$ H Br (*Bul. Soc. de Chimie*).

Hofmann a préparé une mono et une dibromopyridine, en faisant réagir 2 molécules de brome sur 1 molécule de pyridine. On distille dans un courant de vapeur d'eau ; la dibromopyridine passe d'abord.

L'amalgame de sodium, le zinc et l'acide chlorhydrique transforment la chloropyridine bouillante à 148° en une base possédant la composition d'une chloropipérydine $C^5H^{10}ClAz$.

Collidine. — La collidine $C^{18}H^{11}Az$ est retirée de l'huile animale de Dippel. C'est un liquide incolore, insoluble dans l'eau, soluble dans l'alcool, l'éther, les huiles, bouillant à 179°, d'une densité de 0,921 et formant avec les acides des sels cristallisés très déliquescents.

Pour la préparation, voir la préparation des bases pyriques déjà donnée.

Nous ne parlons ni des sels de pyridine, ni de ceux de collidine, ces composés n'ayant trouvé encore d'usage en médecine.

D'après Oechsner de Coninck, la pyridine et la collidine sont des bases antiseptiques.

On peut voir à l'Hôtel-Dieu, au laboratoire du professeur G. Sée, des pièces anatomiques parfaitement conservées, depuis plus d'un an, dans des solutions de pyridine au 50ᵉ.

II. — PHYSIOLOGIE DE LA PYRIDINE.

HISTORIQUE.

L'étude des propriétés physiologiques de la pyridine pure a été commencée par MM. Marcus et Oechsner de Coninck qui présentèrent le résultat de leurs recherches à la *Société chimique,* dans la séance du 23 juin 1882.

Les auteurs avaient opéré sur des grenouilles et des cobayes, soit au moyen d'injections hypodermiques, soit au moyen de l'inhalation de vapeurs de pyridine chauffée à un degré voisin de son point d'ébullition.

Ils constatèrent qu'ainsi administrée, la substance tuait leurs animaux après avoir produit des phénomènes de résolution paralytique et, dans un cas, chez un cobaye, des accès convulsifs.

Le regretté Dr Bochefontaine poursuivit au laboratoire de M. le professeur Vulpian cette étude incomplète des propriétés physiologiques de la pyridine. Il remarqua que si on respire pendant un certain temps les vapeurs qu'elle émet à la température ordinaire, on finit par éprouver une sorte d'engourdissement cérébral, un peu de somnolence, avec des symptômes d'irritation des voies respiratoires qui durent parfois toute une journée.

Il observa qu'une injection hypodermique de 11 centigrammes de pyridine pure sous la peau du tarse de la

grenouille, amène la mort au bout de huit heures. Chez
le cobaye, l'injection sous la peau de 1 centimètre cube
de cette substance, dissoute dans partie égale d'eau,
agit de la même manière ; il en conclut que le pouvoir
toxique de la pyridine n'est donc pas très considérable.
« La grenouille exposée sous une cloche aux inhalations
de pyridine, dit-il, meurt au bout de vingt-cinq minutes
à une demi-heure. Si avant de l'exposer ainsi sous la
cloche pleine de vapeurs de pyridine, la ligature d'une
artère iliaque a été pratiquée, on constate que sur
l'animal retiré mort de la cloche, l'excito-motricité du
sciatique, du côte de la ligature, est entièrement abolie. »

D'où il semble résulter que la peau du membre opéré
a absorbé des vapeurs de pyridine. Les cobayes sont, au
contraire, peu sensibles aux vapeurs de pyridine ; ainsi,
un cobaye jeune, adulte, pesant 200 grammes, a été
tenu pendant trois heures sous une cloche contenant
des vapeurs de pyridine. Au bout de ce temps il était
aussi alerte qu'avant l'expérience. »

« Quel que soit le mode d'introduction de la pyridine
« dans l'économie, les phénomènes déterminés par cette
« substance sont des phénomènes *paralytiques*. Si mes-
« sieurs Marcus et Oechsner de Coninck ont observé des
« attaques épileptiformes au moment de la mort d'un
« de leurs cobayes, c'est qu'ils ont rencontré un indi-
« vidu épileptique. On sait, en effet, que le cobaye est
« assez souvent épileptique spontanément. D'ailleurs,
« on n'a pas observé le moindre phénomène convulsif
« chez la grenouille, ni chez les cobayes qui ont servi à
« mes expériences.

» Lorsque ces batraciens inertes avaient entièrement
« perdu les mouvements spontanés, on a pu constater
« que les mouvements respiratoires étaient affaiblis,
« ainsi que les battements du cœur. La contractilité
« musculaire était conservée; l'excito-motricité nerveuse
« était notablement diminuée ; le pouvoir réflexe de la
« moelle était aboli. A la période terminale de l'empoi-
« sonnement, l'excito-motricité disparaît aussi. Chez le
« cobaye, les phénomènes se passent de la même ma-
« nière, avec cette différence que l'excito-motricité ne
« paraît pas diminuer autant que le pouvoir réflexe de
« la moelle. Lorsque l'animal meurt, le cœur continue
« de battre, alors que la respiration est définitivement
« arrêtée ; il s'arrête le dernier.

» Voici un cobaye qui a reçu sous la peau, à 3 heures
« de l'après-midi, il y a par conséquent deux heures,
« 1 centimètre cube de pyridine additionnée de 1 centi-
« mètre cube d'eau. Il a perdu toute spontanéité et si je
« pince fortement une de ses pattes postérieures, il ne
« fait entendre aucun cri, il n'a pas le plus léger mou-
« vement réflexe. Ses extrémités sont froides. Il n'est
« pas mort cependant, car la respiration continue ra-
« lentie, mais régulière et le cœur bat, très lent aussi,
« mais toujours régulier. »

Nous avons cru devoir reprendre l'étude physiologique de la pyridine.

Nos expériences ont été faites au laboratoire de l'Hôtel-
Dieu sous la direction de M. le professeur G. Sée et avec
l'aide de M. Pignol, son interne, préparateur de physio-

logie, et au laboratoire de l'Ecole pratique, avec le bienveillant concours de M. le Dr Laborde et de M. le Dr Rondeau, son préparateur.

L'accueil et les précieux renseignements que nous avons toujours trouvés auprès du savant chef des Travaux physiologiques de la Faculté nous font un devoir de lui adresser ici l'expression de notre gratitude.

EXPÉRIENCE I.

Grenouille verte, moyenne, mâle. La fixation de l'animal sur la planchette en liège a été faite il y a quinze minutes. Avant l'expérience la circulation est absolument normale dans la patte considérée.

10 h. 13 m. Injection lente sous la peau de la cuisse gauche d'un 1/2 cc. de pyridine au 1/5e.

10 h. 15 m. Ralentissement circulatoire très manifeste et vaso-dilatation très nette des capillaires de la patte droite.

10 h. 20 m. Le ralentissement circulatoire et la vaso-dilatation s'accentuent.

L'excitabilité réflexe est très diminuée ; les mouvements de déglutition persistent ; la sensibilité cornéenne est diminuée.

10 h. 23 m. La grenouille mise en liberté ne fuit pas devant l'excitation lorsque nous la piquons.

10 h. 30 m. Impossibilité complète du saut ; sensibilité cornéenne presque nulle. Respiration très ralentie.

4 h. Nous trouvons la grenouille malade ; elle succombe dans la nuit.

Expérience II.

Grenouille forte, vigoureuse, mâle. L'animal fixé sur son liège depuis dix minutes, nous examinons la circulation de la patte droite qui est normale.

11 h. Injection, sous la peau du dos, de 1/2 cc. de pyridine en solution au 1/10⁰.

11 h. 2 m. La circulation se ralentit, la vaso-dilatation commence, la grenouille piquée, réagit.

11 h. 4 m. La vaso-dilatation s'accentue ; un des capillaires qui mesurait 2 divisions micrométriques en mesure 3; la sensibilité de la cornée est diminuée ; la respiration est légèrement ralentie ; le cœur bat plus vite.

11 h. 10 m. L'animal mis en liberté s'échappe, le saut paraît très difficile ; elle semble ressentir peu de malaise ; les mouvements respiratoires sont réguliers.

4 h. La grenouille a conservé sa vigueur première ; sortie de son bocal, elle saute très facilement.

Le lendemain matin l'animal allait très bien ; nous l'avons conservé, et au bout de huit jours nous recommencions sur lui la même expérience, dans des conditions tout à fait identiques, et nous avons obtenu le même résultat.

Expérience III.

Grenouille mâle, moyenne. Dix minutes après avoir étalé son mésentère, nous examinons la circulation très attentivement.

11 h. 30 m. Injection à la cuisse gauche de 1/2 cc. de pyridine en solution au 10⁰.

11 h. 33 m. La circulation se ralentit ; la vaso-dilatation commence ; la sensibilité cornéenne diminue, la respiration semble normale, mais le cœur bat plus vite et plus fort.

11 h. 38 m. La vaso-dilation augmente ; un des capillaires qui mesurait 3 divisions micrométriques avant l'injection en mesure actuellement 4 1/2 ; la circulation est très ralentie ; la sensibilité cornéenne est très atténuée ; les mouvements de déglutition sont moins fréquents ; le cœur bat plus vite.

11 h. 45 m. La circulation est presque nulle ; même dilatation des capillaires.

11 h. 50 m. La grenouille est mise en liberté, aussitôt elle fait cinq ou six sauts, puis s'arrête comme affaissée ; j'examine sa sensibilité générale qui est presque nulle ; les mouvements de déglutition sont petits et rares ; les battements cardiaques sont plus fréquents, mais moins forts.

2 h. La respiration est plus régulière, la sensibilité cornéenne est moins affaiblie ; la grenouille piquée réagit.

- 7 h. s. L'animal paraît beaucoup moins affaibli, peu indisposé ; il saute, si on veut le prendre.

Le lendemain matin à 10 heures il est vif, vigoureux ; nous l'avons conservé plus de trois semaines avec son ventre ouvert qui nous permettait de voir de temps en temps la circulation mésentérique.

Remarque. — Cette expérience a été faite devant M. Cherbuliez, externe du service, qui a une très grande habitude du microscope ; les résultats consignés dans l'observation sont ceux qu'il a observés ; il ne connaissait d'ailleurs nullement l'action vaso-dilatatrice de la pyridine.

Expérience IV.

Grenouille, moyenne, mâle. Incision de l'abdomen et préparation du mésentère; la circulation est examinée avec soin dix minutes après l'opération; elle est rapide au niveau des capillaires que nous observons.

11 h. 50 m. Injection de 1/2 cc. d'une solution de pyridine pure au 1/5ᵉ au niveau de la patte gauche.

11 h. 52 m. La grenouille réagit; la circulation commence à devenir plus lente; les capillaires augmentent de diamètre.

11 h. 57 m. L'animal ne réagit plus si on le pique; la cornée est peu sensible; la circulation est très ralentie; le capillaire que nous examinions spécialement au micromètre et qui mesurait avant l'injection 2 divisions 1/2, en mesure 3 1/2; les mouvements de déglutition sont peu fréquents; le cœur bat plus fort et plus vite à midi 5 minutes. La cornée a sa sensibilité presque abolie, la respiration est superficielle, le cœur se ralentit; la circulation est très lente; en certains points le sang prend une coloration plus intense.

12 h. 10 m. L'animal rendu à la liberté est absolument affaissé; ses jambes sont allongées; la cornée est peu sensible; la respiration est très lente; le cœur a perdu de sa force de contraction.

12 h. 35 m. La cornée est insensible; la respiration est abolie; le cœur bat toujours; ses contractions sont régulières, mais faibles, ralenties.

7 h. soir. Le cœur se contracte toujours, mais très faiblement.

Expérience V.

Grenouille verte, moyenne, mâle. Fixée sur la plaque de liège depuis dix minutes, la circulation de la patte gauche est normale.

Le cœur mis à nu depuis six minutes, nous comptons 28 pulsations par minute.

11 h. 32 m. On laisse tomber 3 gouttes de pyridine pure sur le ventre de la grenouille.

11 h. 34 m. Les pulsations cardiaques sont plus fortes, plus nombreuses : 32 pulsations ; la circulation est ralentie ; les capillaires sont dilatés ; la respiration est ralentie.

11 h. 36 m. Les contractions cardiaques sont encore augmentées en force et en fréquence : 38 contractions. Le capillaire que nous examinions spécialement mesure 4 divisions micrométriques au lieu de 2 1/2, comme avant l'expérience ; la circulation est ralentie.

11 h. 40 m. Respiration ralentie. La vaso-dilatation persiste, la circulation est très lente. Le cœur bat aussi précipitamment, mais perd de sa force.

11 h. 50 m. Respiration très ralentie. Les contractions cardiaques diminuent de fréquence. Nombre : 33. La vaso-dilatation persiste. La circulation est très ralentie, nulle dans plusieurs capillaires. La sensibilité cornéenne est très diminuée.

1 h. Le cœur perd de sa fréquence et de sa force ; les mouvements de déglutition sont rares. Nous mettons l'animal en liberté ; le saut lui est presque impossible ; la sensibilité cornéenne est presque nulle ; il se traîne sur les pattes postérieures qui sont allongées et un peu roides.

12 h. 20 m. Les mouvements de déglutition sont abolis ; le cœur bat régulièrement, mais les contractions sont faibles ; la

circulation est arrêtée; le sang présente en certains points une coloration plus foncée; la sensibilité cornéenne est éteinte.

7 h soir. Le cœur continue à battre.

EXPÉRIENCE VI.

Grenouille verte, moyenne.

10 h. 20 m. Le cœur mis à nu depuis cinq minutes et la circulation de la patte gauche examinée avec soin, nous laissons tomber 2 gouttes de pyridine pure sur le ventre de la grenouille.

10 h. 22 m. Le cœur qui battait 32 fois avant que l'animal fut soumis à la pyridine bat 39 fois ; la circulation se ralentit, la vaso-dilatation des capillaires mesurés au micromètre est très nette ; la sensibilité cornéenne est conservée.

10 h. 25. Le cœur bat 43 fois ; la vaso-dilatation s'accentue, tandis que la circulation se ralentit.

Après avoir, avec un mince filet d'eau, débarrassé la grenouille de la pyridine qui l'imprègne encore, nous lui donnons la liberté ; aussitôt elle saute, veut se cacher.

10 h. 30 m. Son cœur bat régulièrement et 42 fois par minute ; la sensibilité cornéenne est conservée ; la respiration devient plus fréquente.

10 h. 40 m. La grenouille paraît légèrement affaissée.

11 h. Sensibilité cornéenne conservée. Battements cardiaques réguliers, 35 par minute.

2 h. L'animal saute facilement ; il paraît peu malade, le cœur et la respiration sont presque normaux.

8 h. matin. L'animal est plein de vigueur ; le cœur et la respiration sont normaux.

Expérience VII.

10 h. 25 m. Cobaye pesant 320 gr. Nous injectons 1/2 cc. de pyridine pure, additionnée de 1/2 cc. d'eau.

10 h. 35 m. L'animal paraît aussi vigoureux, aussi vif qu'avant l'injection; si on le pique, il pousse des cris. Nouvelle injection de 1/2 cc. de pyridine et d'autant d'eau.

10 h. 40 m. Le cobaye s'affaisse; si on le pince fortement, il réagit encore, se traînant sur son train de derrière; la respiration est profonde, régulière, mais ralentie; le cœur bat plus vite.

10 h. 50 m. L'état semble le même; l'animal paraît cependant plus engourdi.

Nouvelle injection de 1/2 cc. de pyridine pure.

11 h. L'animal affaissé, a perdu toute spontanéité; si on le pince fortement, il ne pousse aucun cri; la respiration reste lente, mais régulière; le cœur bat plus vite, mais ses contractions sont faibles.

4 h. L'animal a ses extrémités refroidies; il urine abondamment; ses urines sont fortement chargées de pyridine; il en exhale aussi par la voie pulmonaire; il salive abondamment.

Le cœur bat lentement; les contractions cardiaques sont très faibles; la respiration, lente, superficielle, reste régulière.

7 h. 1/4 s. L'animal succombe.

9 h. matin. *Autopsie.* — Cœur gorgé d'un sang noir; caillot volumineux, de couleur noirâtre, dans le ventricule gauche.

Méninges cérébrales très congestionnées. Substance cérébrale congestionnée, surtout la substance grise. Foie et reins congestionnés. L'urine de la vessie ne réduit pas la liqueur de Fehling. Poumons congestionnés; plusieurs ecchymoses sous-pleurales.

Expérience VIII.

Cobaye pesant 310 grammes. Nous enlevons une partie des os du crâne pour observer la circulation des méninges.

2 h. 35 m. L'opération est faite depuis plus de deux heures; toute hémorrhagie est arrêtée; l'animal est vif, alerte.

J'injecte 1/2 cc. de pyridine pure et autant d'eau au niveau de la cuisse gauche; l'animal s'agite pendant cinq minutes.

3 h. 45 m. La respiration se ralentit, devient plus profonde, reste régulière. Les pulsations de la substance cérébrale sont tugmentées de nombre, ce qui montre que le cœur bat plus vite; les méninges prennent une teinte plus foncée.

3 h. 55 m. L'animal réagit moins si on le pique; la respiration reste la même; les soulèvements de la substance cérébrale sont encore plus fréquents; les méninges prennent une teinte plus foncée; les petits vaisseaux sont gorgés de sang.

4 h. 20 m. L'animal est enlevé de sa planche; il court, mais ses jambes postérieures paraissent affaiblies. Nous le mettons dans un panier : il mange.

7 h. s. Lorsque nous le laissons, il paraît plus gai, moins engourdi; ses jambes postérieures ont pris de la force; sa respiration est normale.

8 h. matin. Nous le trouvons affaissé, baignant dans son sang : il avait enlevé son pansement, et une hémorrhagie abondante s'était faite. Il mourut à 10 h. 25 m.

Autopsie. — Pas d'ecchymose sous-pleurale; poumons exsangues, cerveau non congestionné.

Remarque. — L'animal aurait très probablement vécu sans cet accident.

Expérience IX.

3 h. Lapin blanc, mâle, 953 grammes. Nous lui faisons respirer des vapeurs pyridiques.

3 h. 10 m. Vaso-dilatation très nette des capillaires des oreilles; respiration un peu ralentie, plus ample, plus régulière.

3 h. 20 m. La vaso-dilatation s'accentue; les pupilles sont légèrement rétrécies. La respiration est encore ralentie, plus profonde.

3 h. 30 m. Même état des oreilles; l'animal sommeille.

3 h. 40 m. Les oreilles sont de plus en plus congestionuées; la sensibilité cornéenne est légèrement affaiblie; le bruit agit encore sur l'animal : il s'échappe; ses jambes postérieures sont faibles; quand il se repose, il s'asseoit mal.

3 h. 55 m. La vaso-dilatation subsiste très intense; la respiration est ralentie, régulière, plus profonde; nous pinçons fortement l'animal : il réagit, fuit; son train postérieur semble atteint de parésie. Nous mettons fin aux inhalations de pyridine.

5 h. Le lapin a recouvré sa force; il court comme avant l'expérience. Porté dans son panier, il mange.

Expérience X.

4 h. Lapin blanc, pesant 1,230 grammes, mâle. Inhalation de pyridine pendant une heure un quart.

Respiration : Ralentissement avec augmentation d'amplitude.

Cœur : Les contractions sont plus nombreuses.

Dandieu.

3

Pupille : Rétrécissement.

Oreilles : Des deux côtés, vaso-dilatation très nette, avec élévation de température.

Effet anesthésique nul, sauf au niveau de la cornée gauche.

Le lapin est mis à part. Le 27, nous le trouvons très bien portant; nous recommençons sur lui la même expérience, nous obtenons les mêmes résultats.

EXPÉRIENCE XI.

3 h. Sur les conseils de l'habile physiologiste, M. le Dr Laborde, au lieu de fixer l'animal sur une planchette, nous le laissons libre.

Nouvelle expérience. — Lapin blanc, femelle, pesant 1,155 grammes. Nous lui faisons respirer une soucoupe remplie de pyridine.

3 h. 10 m. L'animal réagit d'abord, mais se soumet volontiers au traitement; les capillaires, soigneusement examinés auparavant par M. le Dr Laborde, sont très nettement dilatés ; la pupille est peu rétrécie; la respiration est plus lente, plus profonde, plus régulière.

3 h. 30 m. La vaso-dilatation augmente; la respiration devient plus profonde; l'animal semble sommeiller, mais si on le pique il réagit; la cornée a conservé sa sensibilité

3 h. 50 m. La vaso-dilatation est toujours considérable. L'animal semble engourdi, mais le bruit le sort de sa torpeur.

4 h. 15 m. Les oreilles sont très congestionnées; la cornée est légèrement anesthésiée; l'animal semble très paresseux, peu solide sur les jambes postérieures; nous mettons fin aux inhalations pyridiques.

6 h. L'animal a repris sa vigueur première; le moindre bruit l'effraie; le lendemain, nous le trouvons bien portant.

EXPÉRIENCE XII.

5 h. Jeune lapin blanc, 275 grammes. Nous le plaçons sous une cloche très largement ouverte à sa partie supérieure; nous mettons dans les mêmes conditions un autre lapin blanc de la même couvée.

5 h. 10. Nous plaçons sous la première cloche une soucoupe renfermant 4 grammes de pyridine pure.

5 h. 15. Nous voyons un contraste frappant : les oreilles de l'animal, soumis à l'atmosphère d'air pyridiné, deviennent rouges; les vaisseaux sont gorgés de sang; l'autre a, comme avant dans son parc, les oreilles pâles.

5 h. 25 m. Le jeune lapin pyridiné plonge ses pattes dans la substance; il sommeille.

5 h. 30 m. La congestion des oreilles augmente; les pupilles sont rétrécies; l'animal s'affaisse. Nous le retirons de la cloche; imprégné par la pyridine qu'il a renversée, il s'essuie.

5 h. 35 m. L'animal ne peut plus se tenir sur ses jambes; la respiration est ralentie, superficielle. Nous enlevons avec une éponge la pyridine qui l'imprègne.

5 h. 50 m. Il est étendu, affaissé; nous pensions qu'il allait mourir. Le lendemain, nous allons le réclamer pour en faire l'autopsie : il était aussi bien portant que ses frères.

Remarque : Nous avons répété 10 fois nos expériences sur 4 lapins blancs; nous avons toujours constaté sa vaso-dilatation des vaisseaux des oreilles.

Expériences faites sur des chiens au laboratoire
de l'école pratique.

EXPÉRIENCE I.

Bouledogue fort, vigoureux, pesant 23 kilogrammes. L'animal solidement attaché, M. le D' Laborde met à nu la carotide droite, y fait une ligature pour en arrêter la circulation.

3 h. 12 m. Après cinq minutes de repos le bout central et le bout périphérique de la carotide sont mis en communication avec l'hémodynamomètre double de Franck. (Voir tracés A, bouts central et périphérique.)

3 h. 13 m. Commencement de l'inhalation de pyridine. (Voir tracés A, deuxième partie) ; l'inhalation continuée, formation d'un caillot du côté du bout central à 3 h. 18 m., tandis que la circulation est libre du côté du bout périphérique (la troisième partie des tracés A précède immédiatement la formation du caillot).

On interrompt l'inhalation et on chasse le caillot.

3 h. 28 m. L'animàl est soumis de nouveau aux vapeurs pyridiques ; la première partie des tracés B correspond à la période qui précède immédiatement cette deuxième inhalation ; la deuxième partie correspond à la période d'inhalation.

3 h. 32 m. Formation d'un nouveau caillot du côté du bout central, tandis que le bout périphérique reste libre ; la pression baisse légèrement.

Nous mettons fin à l'inhalation, l'animal mis en liberté ne paraît pas indisposé ; il expire abondamment des vapeurs pyridiques.

Une deuxième expérience répétée, dans les mêmes condi-

tions, sur un deuxième animal donne des modifications hémo-
dynamométriques identiques.

EXPÉRIENCE II.

Chienne bien portante, pesant 19 kilogrammes.

Nous agirons sur cet animal avec des injections lentes, dans
la veine iliaque droite, de pyridine, au 1/5ᵉ.

Les bouts central et périphérique de la carotide droite étant
mis en communication avec l'hémodynamomètre double de
Franck depuis une minute, le Dr Laborde excite avec un courant 15 le pneumogastrique total droit; il constate une élévation rapide de la pression sanguine tant du côté du bout central que du bout périphérique. (Voir tracés C.)

3 h. 43 m. Trente-cinq secondes après cette excitation, il
injecte dans la veine iliaque droite 1 1/2 cc. de solution de
pyridine ; on constate bientôt des oscillations descendantes
de la pression sanguine tant du bout central que du bout périphérique, puis une diminution notable de la pression sanguine. (Voir tracés C.)

La pression se relève peu à peu.

3 h. 44 m. Formation d'un caillot du côté du bout périphérique.

3 h. 45 m. Injection de 1 cc. de solution : oscillations ascendantes et descendantes très nettes de la pression sanguine.

3 h. 46 m. L'excitation du pneumogastrique total (voir tracés D) par le courant 15 donne peu de chose ; la pression sanguine est peu modifiée ; selon nous le pouvoir excito-moteur
bulbaire est très diminué (G. Sée et Bochefontaine).

3 h. 47 m. Injection de 2 cc. de solution. Les oscillations de
la colonne manométrique sont plus grandes, la pression san-

guine baisse (voir tracés E), puis se relève pour revenir à l'état normal ; l'animal expire de nombreuses vapeurs pyridiques comme après chaque inhalation ; il élimine très vite la substance médicamenteuse.

3 h. 48 m. Injection de 1 1/2 cc. de solution ; bientôt baisse de la pression sanguine.

3 h. 49 m. Injection lente de 4 cc. de solution. L'amplitude des oscillations de la colonne manométrique augmente en même temps qu'on constate une baisse sensible de la pression sanguine (voir tracés F) ; l'excitation du pneumogastrique donne peu de réaction.

3 h. 50 m. Injection de 2 cc. de solution ; oscillations manométriques plus amples, baisse de la pression sanguine.

3 h. 51 m. Injection de 1 1/2 cc. de solution : même résultat. L'excitation du pneumogastrique par le courant 15 n'incommode nullement l'animal qui ne réagit pas ; la pression sanguine n'est pas modifiée ; un courant 10, plus fort, donne les mêmes résultats (voir tracés C) ; le pouvoir excito-moteur de la moelle est donc très atténué. L'animal a vécu même après section d'un pneumogastrique.

Réflexions : Nous laissons parler M. le Dr Laborde :

« L'analyse et l'interprétation des observations expé-
« rimentales qui précèdent avec tracés hémodynamo-
« métriques à l'appui sont de nature à fournir d'impor-
« tants renseignements relatifs aux modifications
« fonctionnelles immédiates produites par la substance
« médicamenteuse sur les phénomènes solidaires de
« circulation et de respiration, et par suite sur le mé-
« canisme de l'action physiologique de la substance en
« question.

« Il y a lieu d'examiner à cet effet deux conditions
« expérimentales essentielles tenant au mode d'admi-
« nistration.

« 1° Le cas d'*Inhalation ;*

« 2° Celui d'*Injection intra-veineuse.*

« Et dans ces deux alternatives, nous aurons à passer
« successivement en revue ce qui a trait :

« *a*) *Aux modifications* des oscillations centrales et
« périphériques de la pulsation artérielle carotidienne ;

« *b*) *Aux influences* respiratoires qui s'y rattachent ;

« *c*) *Aux oscillations* de la colonne manométrique et
« à l'état concomitant de la pression intra-vasculaire ;

« *d*) *A l'état de l'excitation* du pneumogastrique, in-
« terrogé soit dans sa totalité, soit après section. »

I. — *Administration de la Pyridine par Inhalation.*

« *a*) Un premier effet, effet constant et pour ainsi
« dire immédiat de l'inhalation de la *Pyridine* par
« l'animal en expérience, c'est l'amplitude plus consi-
« dérable des oscillations tant centrales que périphé-
« riques (c'est-à-dire se produisant à la fois du côté du
« bout central et périphérique de la carotide), au mo-
« ment précis de la période inspiratoire. C'est un résultat
« que l'on peut constater de la façon la plus claire sur
« les tracés que nous avons recueillis et dont nous don-
« nerons les principaux spécimens en notant les mo-
« difications du graphique, comparativement à la
« période normale et au commencement de la période
« d'*inhalation ;* l'on voit effectivement que l'animal n'a

« pas plus tôt respiré quelques vapeurs pyridiques que
« la modification fonctionnelle dont il s'agit se réa-
« lise immédiatement, qu'elle cesse quelque temps après
« la cessation elle-même de l'inhalation pour se renou-
« veler aussitôt qu'on renouvelle cette dernière. Ce fait
« est capital dans l'observation objective et graphique
« des effets de la pyridine en inhalation. Si bien qu'il
« est permis de dire : *qu'il domine l'histoire physiologique*
« *de cette substance.*

« Nous venons de dire observation objective, car
« en même temps que l'accroissement de l'excursion
« inspiratoire sur les graphiques, on constate *de visu*
« le remarquable développement de la cage thoracique
« correspondant à la période inspiratoire, ayant subi
« aussi une amplitude considérable.

« Il importe d'insister sur la concordance parfaite de
« ces modifications du côté des oscillations fournies par
« le bout périphérique de l'artère comme par le bout
« central. Les tracés peuvent être, comme il est facile
« de s'en convaincre, exactement superposés à ce point
« de vue ; ce qui signifie, pour le dire de suite, car nous
« aurons à revenir sur ce point, *que les influences respi-*
« *ratoires de la période inspiratrice s'exercent tant à la pé-*
« *riphérie du système circulatoire que sur la sphère cen-*
« *trale.* En rapprochant ce résultat des modifications à
« peu près négatives dans ces conditions expérimentales
« de la tension intra-vasculaire générale, nous serons
« amené à voir plutôt une influence vaso-dilatrice
« s'exercer du côté de la circulation périphérique.

« C'est ici le lieu de faire remarquer une tendance

« rapide à la coagulation du sang dans le bout central
« de l'artère dans le cas d'inhalation, tandis que le bout
« périphérique continue à fonctionner ; c'est là un ré
« sultat contraire à ce qui se passe dans ces expériences
« d'hémodynamométrie double, et il porte à penser que
« la pyridine exerce très probablement sur les pro-
« priétés physico-chimiques du liquide sanguin une
« action qu'il pourra être intéressant d'étudier plus
« tard. Il semble montrer aussi que le sang continue à
« circuler dans le système périphérique avec une fa-
« cilité qui annonce cette tendance vaso-dilatrice à
« laquelle nous faisions tout à l'heure allusion.

« Avec l'amplitude relativement considérable des
« oscillations de la colonne sanguine pendant et sous
« l'influence incontestable des modifications des mou-
« vements inspiratoires, coïncide un ralentissement
« visible de ces mêmes oscillations et par conséquent
« de la pulsation transmise pendant ce temps par le
« moteur central ; mais une accélération compensatrice
« semble se faire pendant la période expiratoire, et
« cette accélération se retrouve à tous les moments
« semblables de l'expérience pendant la durée ou à la
« suite des inhalations.

« *b*) Tout ce qui vient d'être dit des modifications
« circulatoires intimement liées aux modifications de
« la respiration peut nous dispenser de revenir en
« détail sur ces dernières ; ce qu'il convient de bien
« retenir à ce sujet, c'est que les changements immé-
« diats des phénomènes mécaniques de la respiration
« annoncent une influence prépondérante des *vapeurs*

« *de pyridine* sur la fonction respiratoire, c'est, nous le
« répétons encore, le fait primordial qui frappe immé-
« diatement sur le terrain expérimental, de même,
« comme nous le verrons bientôt, qu'il attire surtout
« l'attention sur le terrain pathologique.

« *c*) Dans le cas d'inhalation dont nous nous occu-
« pons actuellement, les variations de la tension san-
« guine sont très peu appréciables, ainsi que le montrent
« à la fois et les niveaux relatifs de nos graphiques et
« les oscillations à peu près constantes de la colonne
« mercurielle; toutefois il y a une tendance manifeste à
« la chute de la pression, et cette tendance se montre
« surtout à la suite des inhalations persistantes et réi-
« térées ; mais pour bien apprécier ce phénomène, il
« nous faudra le considérer tout à l'heure dans les
« conditions de l'*injection intra-veineuse*, où nous
« verrons se réaliser d'une façon sensible cette dé-
« pression ; il ne faut pas oublier qu'à la suite de
« l'inhalation, l'élimination est rapide, beaucoup plus
« rapide que dans les cas d'introduction par la veine,
« et qu'il est difficile en conséquence de maintenir
« longtemps persistante l'action de la substance, de
« façon à en fixer certains effets à leur maximum. »

Le savant chef des Travaux pratiques de physiologie
n'a considéré, faute de temps, que le mode d'administration par inhalation ; nous allons essayer d'étudier
l'action physiologique de la pyridine dans le cas d'injection ; notre travail nous est rendu facile par l'interprétation qui précède.

II. — *Administration de la pyridine en injection.*

« *a*) C'est, en effet, à la suite de *l'injection intra-vei-*
« *neuse* qu'il est surtout facile de se rendre exactement
« compte des modifications réelles de la pression intra-
« vasculaire, de l'influence exercée sur l'excitabilité du
« vague, et des effets de la suppression de ce même
« nerf pendant l'administration de la pyridine.

« Constatons d'abord, comme l'indiquent clairement
« les tracés (voir surtout les graphiques C, D, E), que
« l'action primitive de la substance sur les phénomè-
« nes mécaniques de la respiration se manifeste à la
« suite de l'injection intra-veineuse, de la même façon
« fondamentale qu'à la suite des inhalations : la rapi-
« dité, la presque instantanéité des effets ne diffèrent
« pas sensiblement, et l'on assiste au même accroisse-
« ment d'amplitude des oscillations des pulsations caro-
« tidiennes centrales et périphériques, accroissement
« qui se fait particulièrement sentir à la période de
« descente ou *d'inspiration*.

« Mais, dans le cas d'injection intra-veineuse, il sem-
« ble que l'action plus immédiate sur le cœur provoque
« des modifications plus accentuées du fonctionne-
« ment du moteur central, dans le sens d'une atténua-
« tion de sa force impulsive et d'une tendance à l'ar-
« rêt.

« L'on assiste aussi, comme nous l'avons fait dans
« l'expérience I, à la coagulation prématurée et conco-
« mitante dans le bout central et dans le bout périphé-

« rique, ce qui paraît indiquer une influence probable
« du contact direct de la substance avec les éléments
« du sang.

« Nous devons enfin noter, au nombre des effets gé-
« néraux, à la suite de l'introduction directe de la sub-
« stance dans le système circulatoire, une remarquable
« accoutumance avec des doses relativement considéra-
« bles.

« Cette accoutumance et cette innocuité trouvent sur-
« tout leur explication plausible dans l'élimination ra-
« pide et incessante qui s'opère par la respiration, ainsi
« qu'en témoigne facilement l'odeur caractéristique
« constamment exhalée par le nez et par la bouche; il
« en résulte qu'il devient presque impossible d'obtenir
« les effets toxiques mortels, si bien que l'animal de
« notre expérience II a parfaitement survécu à l'admi-
« nistration d'une dose totale de 5 grammes de pyri-
« dine, successivement injectée par doses partielles de
« 0,25 cent. à 1 gramme à la fois.

« Cette particularité n'est pas sans importance rela-
« tivement aux applications pratiques du médicament
« et aux craintes qu'on pourrait avoir d'une nocuité
« qui, on le voit, se trouve presque complètement
« écartée par le fait de cette élimination incessante et
« rapide qui, d'ailleurs, se réalise simultanément par
« les urines.

« b) La tendance déjà constatée plus haut à la baisse
« de la pression intra-vasculaire s'accentue ici au point
« de donner lieu à des résultats très appréciables : on
« peut évaluer au chiffre moyen de 1 à 1 1/2 centim. de

« la colonne mercurielle la chute du niveau primitif de
« la tension intra-artérielle, en même temps que la li-
« gne du O de pression permet de suivre sur le graphi-
« que cette baisse. Elle se maintient assez bien tant
« que l'on alimente suffisamment les doses de la sub-
« stance.

« c) L'interrogation de l'excitabilité du nerf pneumo-
« gastrique aux diverses périodes de l'expérience, et de
« l'influence progressivement continue de la pyridine,
« nous a fourni des résultats d'un réel intérêt, tant au
« point de vue du fait lui-même qu'à celui de déduction
« qu'il est permis d'en tirer par une interprétation ra-
« tionnelle du mécanisme physiologique de l'action du
« produit médicamenteux.

« 1° Après avoir déterminé à l'aide d'un courant de
« départ (C. 15 du chariot moyen) les effets primitifs de
« l'excitabilité du nerf pneumo-gastrique total, avant
« l'administration de la substance, si l'on interroge cette
« excitabilité, toujours avec le même courant, à diver-
« ses périodes de l'injection intra-veineuse et de l'in-
« troduction d'une dose progressivement croissante,
« voici ce que l'on observe et qu'indique clairement
« l'inscription graphique ;

« 2° Une première atténuation des effets de l'excita-
« tion, à la suite de l'introduction de 0,50 centigr. de
« pyridine ;

« 3° Une atténuation plus marquée encore et touchant
« presque à des effets *négatifs*, après la dose totale de
« 4 grammes de pyridine ;

« 4° Enfin, après la section du nerf, et l'interrogation

« isolée du bout central, un effet très faible, quoique
« appréciable encore, mais avec un courant (10) au lieu
« de (15).

« A ce moment, l'action de la substance ne se fait,
« pour ainsi dire, plus sentir sur les oscillations hémo-
« dynamométriques.

« Il résulte de ces constatations une baisse notoire et
« progressive de l'excitabilité du vague, et une atténua-
« tion concomitante et qui paraît solidaire des effets de
« la substance. L'action de cette dernière semble donc
« manquer, en quelque sorte, de son substratum,
« lorsque le nerf vague ou, ce qui revient au même,
« lorsque son centre bulbaire d'origine lui fait dé-
« faut.

« Les phénomènes d'expansion et de ralentissement
« respiratoires avec régularisation, procédant d'une
« tendance aux arrêts partiels en inspiration, expri-
« ment, symptomatiquement, la prédominance de cette
« action sur les fibres centripètes du pneumogastrique
« ou sur leur centre d'origine respiratoire. Les influen-
« ces excitatrices accumulées amenant un affaiblisse-
« ment progressif de l'excitabilité de ce centre et de
« ses fibres conductrices, l'on conçoit l'atténuation con-
« comitante des effets de la substance, et c'est là une
« nouvelle preuve du mécanisme réel de son action, tel
« qu'il vient d'être indiqué.

« Il faut y ajouter enfin l'influence secondaire sur les
« oscillations de la colonne sanguine, s'exprimant à la
« fois par une tendance accusée à la chute de la pres-
« sion intra-vasculaire, et aux effets suspensifs du côté

« du moteur central, ainsi que l'action vaso-dilatatrice
« parfaitement observée sur des lapins.

· « Tel est, croyons-nous, dans son expression essen-
« tielle, le mécanisme de l'action physiologique dont il
« s'agit, suggéré par une interprétation rationnelle
« des phénomènes graphiquement inscrits, ou objec-
« tivement observés (notamment sur le lapin), méca-
« nisme qui conduit à une compréhension très satisfai-
« sante des résultats obtenus et constatés, ainsi que
« nous le verrons bientôt à la suite des essais cli-
« niques. »

III. — PHYSIOLOGIE DE LA COLLIDINE.

Les premières études faites sur la collidine ont été entreprises par MM. Œchner de Coninck et Marcus (1); ces expérimentateurs ont injecté sous la peau de plusieurs grenouilles une quantité *notable* de la base, tous les animaux ont été tués; ils en ont conclu que ce corps possédait des propriétés toxiques puissantes.

Les expériences faites sur les animaux à sang chaud, en particulier sur le chien, leur ont montré que la β. collidine manifeste surtout son action en paralysant l'action des centres psychomoteurs, puis à une période plus avancée, l'action paralysante s'étend aux centres médullaires, ainsi qu'aux vaso-constricteurs. Les observations kymographiques, faites sur le chien, ont montré une diminution de la pression sanguine intra-carotidienne, ces observateurs en ont conclu à « une faiblesse dans l'énergie de contraction du muscle cardiaque. »

Nous ignorions entièrement les recherches précédentes, lorsque M. le professeur G. Sée, avec lequel nous avons découvert la propriété *vaso-dilatatrice* de la pyridine, pressentant que cette même propriété devait appartenir aux autres bases pyridiques, nous engagea à étudier l'action physiologique de la collidine; nos

(1) Société de biologie, 1882.

recherches ont été faites sur des grenouilles, des cobayes, des lapins.

Expériences faites avec la collidine (Cette substance étant insoluble dans l'eau, nous n'avons pas recours aux injections).

EXPÉRIENCE I.

Grenouille verte, mâle, pesant 18 grammes. L'animal fixé depuis dix minutes, nous remarquons que la circulation de la patte droite est ralentie, nous examinons la patte gauche; la circulation paraît normale.

11 h. 10 m. Nous versons trois gouttes de collidine sur la peau du dos; l'animal réagit légèrement.

11 h. 12 m. La vaso-dilatation est très nette, le capillaire que nous observions spécialement mesure quatre divisions micrométriques au lieu de deux et demie; la circulation est très ralentie; la déglutition est régulière, mais superficielle; la sensibilité cornéenne est affaiblie.

11 h. 15 m. La vaso-dilatation augmente, la circulation est presque nulle sauf dans quelques gros capillaires; le sang prend de loin en loin une coloration plus foncée; la respiration est superficielle, lente; nous mettons l'animal en liberté, l se traîne très difficillement, les jambes postérieures sont étendues, comme paralysées; le réflexe cornéen est à peu près disparu.

11 h. 20 m. Même état de prostration.

11 h. 35 m. L'animal ne respire plus, ne réagit plus si on le pique profondément, il est mort.

Autopsie. — Le cœur continue à battre; ses contractions

sont lentes, faibles, mais régulières; à 4 heures du soir il se contractait encore.

Expérience II.

Grenouille verte, poids 20 grammes.

10 h. 15 m. La circulation de la patte droite étant active, nous versons deux gouttes de collidine sur le dos; l'animal réagit très peu.

10 h. 16 m. La vaso-dilatation commence; en même temps que nous remarquons un léger ralentissement circulatoire.

10 h. 17 m. Le capillaire qui est sous le micromètre mesure quatre divisions au lieu de trois, comme avant l'expérience; la circulation se ralentit davantage. Nous enlevons rapidement l'animal et le débarrassons de notre mieux de la collidine qui l'imprègne. Mise en liberté, la grenouille a le saut facile, le reflexe cornéen est peu affaibli; la respiration est normale.

10 h. 25 m. L'animal paraît vigoureux, ne semble pas malade.

4 h. Il est aussi agile qu'avant toute expérience.

Expérience III.

Grenouille verte, poids 19 grammes. Nous mettons son mésentère à nu.

11 h. 5 m. Après cinq minutes de repos la circulation est rapide; nous versons deux gouttes de collidine sur les cuisses de l'animal; il remue légèrement.

11 h. 7 m. Les capillaires se dilatent très nettement, en

même temps que la circulation se ralentit ; la respiration est plus profonde, mais régulière.

11 h. 8 m. La vaso-dilatation augmente et le ralentissement circulatoire s'accentue. Nous enlevons la collidine avec un mince filet d'eau, sans toucher à l'animal.

11 h. 20 m. La circulation devient plus rapide, en même temps que les capillaires diminuent de diamètre.

12 h. Le réflexe cornéen est conservé ; la vaso-dilatation diminue encore, nous rentrons le mésentère et détachons l'animal de la plaque de liège ; il saute facilement, il va se cacher.

4 h. L'animal est agile, ne semble pas malade. Nous l'avons conservé plusieurs jours.

EXPÉRIENCE IV.

Grenouille verte, mâle, poids 23 grammes.

Nous mettons son cœur à nu ; après quinze minutes de repos, nous observons la circulation de la patte droite qui est normale ; le cœur bat trente et une fois.

9 h. 55 m. Nous versons deux gouttes de collidine sur le ventre de l'animal ; il réagit peu.

9 h. 57 m. La vaso-dilatation est manifeste, la circulation est ralentie ; le cœur bat trente-neuf fois.

9 h. 59 m. La vaso-dilatation et le ralentissement s'accentuent en même temps que les contractions cardiaques sont moins fréquentes, trente-quatre à la minute.

L'animal est mis en liberté ; il est un peu affaissé, mais saute cependant avec assez de facilité ; la sensibilité cornéenne est conservée.

12 h. Le saut lui est plus facile ; les contractions cardiaques se ralentissent ; l'animal semble peu indisposé.

Remarque : La vaso-dilatation obtenue par la collidine a été vérifiée sur quinze grenouilles.

Expérience V.

Cobaye, pesant 350 grammes ; animal bien portant, mâle.

9 h. 35 m. Injection de un demi centimètre cube de collidine pure ; l'animal pousse quelques cris.

9 h. 45 m. Nous pinçons le cobaye, il réagit, s'échappe ; il est toujours très vigoureux, ne paraît pas malade ; nouvelle injection de un demi-centimètre cube de collidine.

9 h. 50 m. Les jambes postérieures sont prises de parésie ; nous pinçons fortement l'animal, il sent à peine ; sa respiration est plus lente, profonde, mais régulière.

10 h. Il a uriné abondamment ; ses urines sentent la collidine. Les jambes postérieures sont tout à fait paralysées ; le réflexe cornéen est très affaibli, la respiration se maintient régulière, mais lente, profonde.

10 h. 30 m. L'animal est affaissé, couché sur son ventre ; il ne sent pas si on le pique. Sa respiration est lente, mais régulière ; il élimine la collidine par les reins, les poumons et la salive, qui est très abondante.

3 h. Le cobaye est moins abattu ; il respire facilement, réagit, pousse des cris si on le pique.

Le lendemain, à 9 heures, il était presque complètement remis, ses jambes postérieures n'étaient plus paralysées, il n'est pas mort.

Expérience VI.

3 h. Nous plaçons sous deux cloches d'égal volume et largement ouvertes, deux lapins blancs de la même couvée du poids : l'un de 875 grammes, l'autre de 886 grammes.

Nous constatons soigneusement l'état des vaisseaux des oreilles.

3 h. 10 m. Une soucoupe contenant 4 grammes de collidine est mise sous la cloche de l'animal dont la vaso-dilatation est la moindre.

3 h. 20 m. Les oreilles de ce dernier se congestionnent; les vaisseaux deviennent très apparents; les pupilles se contractent, la respiration devenue ample, se ralentit; l'animal s'endort.

3 h. 30 m. La vaso-dilatation s'accentue; les oreilles sont bien plus colorées que celles de l'autre lapin; l'animal sommeille.

3 h. 50 m. La différence de coloration des oreilles va croissant; il semble que le sang de l'animal collidiné devient d'un rouge plus foncé. Ce lapin sommeille, le bruit l'effraie peu, il urine abondamment.

4 h. Nous lui donnons la liberté; il paraît hésiter pour courir, il n'est pas sûr de ses jambes postérieures, il les remue maladroitement.

5 h. Il est complètement remis de son malaise; il mange et court comme ses camarades.

EXPÉRIENCE VII.

4 h. soir. Nous adoptons le même dispositif et expérimentons sur deux jeunes lapins blancs de la même portée: poids 300 grammes environ.

4 h. 10 m. L'état des oreilles des deux animaux nous paraît être très sensiblement le même. Nous soumettons aux vapeurs collidiques celui des deux lapins qui semble avoir les oreilles les moins colorées.

4 h. 15 m. L'animal qui respire la collodine a ses oreilles

très congestionnées, bien plus rouges que celles de l'autre; ses pupilles sont moins dilatées, sa respiration est plus régulière, plus lente, plus ample.

4 h. 20 m. Le lapin à la cloche de collidine s'assoupit, ses paupières tombent et empêchent de voir facilement l'état des pupilles. La vaso-dilatation est très manifeste.

4 h. 35 m. L'animal soumis aux vapeurs collidiques s'affaisse; il s'appuie contre les parois de la cloche. Nous l'enlevons et lui donnons la liberté, il trotte mal.

5 h. Ses oreilles sont redevenues à l'état normal, ainsi que la respiration, il mange et paraît tout à fait remis.

EXPÉRIENCE VIII.

3 h. 15 m. Lapin blanc, mâle 1,300 grammes. Température des oreilles: 36°,5; je compte 105 respirations, irrégulières; 180 respirations cardiaques. La circulation des oreilles étant examinée soigneusement, nous soumettons l'animal à une atmosphère de vapeurs collidiques.

3 h. 25 m. La vaso-dilatation est manifeste; myosis très net. Respiration: 98; contractions cardiaques: 210; l'animal commence à s'assoupir.

3 h. 30 m. La vaso-dilatation est plus prononcée; température des oreilles: 37°,2, le myosis augmente.

Respiration: 90; contractions cardiaques: 220. La sensibilité cornéenne est moindre; le bruit effraie peu l'animal. Nous lui donnons toute liberté et nous cessons les inhalations, il court et paraît peu malade.

5 h. L'animal est tout à fait remis; il mange, le moindre bruit l'impressionne.

Injection d'un demi cc. de collidine.

5 h. 10 m. La vaso-dilatation se manifeste, mais peut-être

moins considérable que si l'animal avait été plongé pendant le même temps dans une atmosphère saturée de vapeurs collidiques. La respiration est profonde, le cœur bat 190 fois ; nouvelle injection d'un demi cc. de collidine.

5 h. 20 m. La vaso-dilatation augmente, le cœur bat 219 fois ; la respiration est régulière et profonde. L'animal s'engourdit, son train de derrière se paralyse ; nouvelle injection d'un demi cc. de substance.

5 h. 30 m. Les oreilles sont très congestionnées. Respiration : 70. Cœur : 215 contractions.

5 h. 40 m. L'animal s'affaisse, ne peut plus se tenir sur ses pattes ; il urine abondamment et exhale par ses poumons des vapeurs collidiques. La sensibilité cornéenne est très affaiblie.

Les oreilles sont d'un rouge violacé ; on voit un magnifique lacis veineux. Cœur : 210 pulsations. Respiration : 70. Elle commence à devenir irrégulière, on en trouve une profonde au milieu de cinq ou six superficielles, comme si on lui avait coupé un pneumogastrique.

5 h. 55. L'animal bave, il est couché sur le ventre ; le cœur bat vite, mais les contractions sont faibles.

Il meurt à 11 heures du soir.

Autopsie. Méninges et substance grise très congestionnées. Poumons normaux, plusieurs ecchymoses sous-pleurales ; rien du côté du péricarde.

Conclusions.—Des expériences physiologiques qui précèdent, nous déduisons les conséquences suivantes :

1° La *pyridine* et la *collidine* augmentent séparément l'amplitude de l'inspiration ;

2° Elles dilatent les vaisseaux périphériques ;

3° Elles diminuent le pouvoir excito-moteur des centres nerveux (G. Sée et Bochefontaine).

IV. — THÉRAPEUTIQUE.

Mode d'administration. — « Le meilleur mode d'administration de la *pyridine*, dit le professeur G. Sée (*Comptes rendus de l'Académie des Sciences*, 2 juin 1885), consiste à verser 4 à 5 grammes de pyridine dans une soucoupe posée au milieu d'une pièce de 25 mètres cubes environ, et à placer dans un angle de la pièce le sujet, qui respire ainsi un mélange d'air et de vapeurs pyridiques. » C'est aussi notre avis.

Si l'on manque de place, ou dans les cas pressants, on versera 5 ou 6 gouttes de pyridine sur un mouchoir qu'on fait ensuite respirer.

Le malade peut aussi, et c'est un très bon moyen, avoir à sa disposition un petit flacon de substance qu'il débouche, agite et respire quand il en éprouve le besoin.

Le mode d'administration de la *collidine* est absolument identique.

Si l'odeur est désagréable au malade. on pourra la corriger par des essences appropriées, telles que des parfums à bases de thym, verveine, citronnelle, etc.

Les séances d'inhalations de ces substances doivent durer de 15 à 30 minutes (G. Sée), elles peuvent être répétées trois fois par jour. Ce traitement doit parfois dépasser huit jours, tout dépend de l'affection que l'on veut combattre, du but qu'on veut atteindre, de la susceptibilité du malade.

En passant en revue les affections justiciables de ces médicaments, nous entrerons dans tous les détails nécessaires à l'administration de ces substances.

M. le professeur Sée a essayé sur plusieurs malades l'emploi de la *pyridine* à l'*intérieur ;* ce mode d'administration ne présente aucun avantage sur le mode par *inhalations* et offre certains inconvénients. Voici le résumé d'une expérience qui a été faite sur un malade atteint d'asthme permanent et de dilatation des bronches. « On fait prendre au malade 0 gr. 05, puis 0 gr. 15 de nitrate de pyridine en potion. Le goût en est âcre et brûlant (observation VI) et suffocant, d'où grande difficulté pour le faire prendre au malade. Les effets notés sont une céphalalgie s'aggravant peu à peu, une somnolence très marquée avec étourdissements et bourdonnements au réveil, un état vertigineux permanent avec sensation constante de vague cérébral ; amélioration peu marquée de la respiration. »

Action sur les reins. — La pyridine ou la collidine données en inhalations sont immédiatement absorbées ; elles apparaissent presque aussitôt dans les urines, elles n'ont pas d'effets cumulatifs. Nous avons eu l'occasion de les employer dans plusieurs cas de dyspnées albuminuriques, les malades s'en sont toujours trouvé très améliorés, leur oppression a disparu très rapidement (1).

(1) Voir observation III.

Dans nos expériences physiologiques sur les chiens, où nous soumettions ces animaux à des inhalations prolongées, ces substances s'éliminaient d'une façon très marquée non seulement par la voie rénale, mais encore par la voie pulmonaire; leur salivation abondante en était aussi imprégnée.

Action sur le tube digestif. — Nous n'avons pas constaté de diminution de l'appétit à la suite d'inhalations pyridiques ou collidiques, mais nous avons eu bon nombre de fois le contraire à noter ; plusieurs malades, mis au traitement des vapeurs de ces bases, ont accusé une sensation plus grande de la faim. M. le Dr Laborde a remarqué qu'après chaque expérience, où il respirait forcément des vapeurs de ces substances en assez grande quantité, il avait l'appétit très aiguisé et éprouvait un pressant besoin de manger ; nous-même qui, depuis plusieurs mois, sommes plus ou moins plongé dans une atmosphère pyridique ou collidique, avons fait la même remarque; l'explication de ce fait nous paraît facile : ces bases, d'une amertume très marquée, ne s'éliminent pas seulement par les urines, mais encore par les glandes salivaires et autres, ces substances doivent donc agir comme les amers que l'on donne à l'intérieur.

Certains cardiaques névropathes, en état d'asystolie, ont quelquefois des nausées à la suite des séances d'inhalations, mais nous avons souvent observé que ces malades avaient une aversion marquée pour tout ce qu'on leur offrait; rien ne restait dans l'estomac, ni digitale, ni même spartéine ; on ne doit donc pas trop accuser la pyridine ou la collidine de cet inconvénient ; ces bases n'augmentent pas le nombre des garde-robes ; deux malades, soumis à des inhalations prolongées, ont eu cependant un peu de diarrhée.

Action sur les centres nerveux. — Dans la partie physiologique de notre travail, nous avons décrit l'action de la pyridine et de la collidine sur le système nerveux des grenouilles, des cobayes, lapins, chiens ; il nous reste à dire ce qui se passe chez l'homme bien portant et chez le malade.

En général les inhalations de ces substances produisent chez l'homme un léger état vertigineux, un peu de somnolence ; quelques personnes remarquent que leur visage se congestionne, en même temps que le symptôme céphalalgie apparaît.

Chez l'asthmatique, le cardiaque, voici ce que dit le professeur G. Sée : « Vers la fin ou peu après la séance, les malades éprouvent parfois une tendance invincible au sommeil. Pendant ce sommeil, il y a une atténuation marquée des réflexes avec conservation de l'énergie contractile, qui pourtant est diminuée ; il ne se produit ni paralysies, ni convulsions, ni même de tremblements ; le rôle spécial de la pyridine est d'atténuer l'excitabilité réflexe bulbaire et médullaire..... Le seul inconvénient de cette substance est de produire parfois un léger état vertigineux. » Nos observations montrent l'exactitude des propositions précédentes ; nous n'avons jamais eu à enregistrer aucun accident sérieux.

Action sur la respiration. — Tous nos tracés graphiques, toutes nos observations, les phénomènes subjectifs et objectifs, nous démontrent l'action manifeste que ces bases possèdent sur la respiration. Elles en augmentent l'amplitude, diminuent le nombre exagéré des mouvements respiratoires ; tous les malades nous disent que ces substances les obligent à faire de fortes inspirations ; on peut le vérifier du reste *de visu* sur les patients. Le diamètre longitudinal du thorax s'accroît d'une façon très manifeste.

Propriétés thérapeutiques. — Les propriétés thérapeutiques de la *pyridine* et de la *collidine* découlent de l'action physiologique de ces substances. Que nous enseignent, en effet, les diverses expériences qui ont été faites à ce sujet ?

1° Que ces bases atténuent le pouvoir excito-moteur de la moelle ;

2° Qu'elles dilatent les vaisseaux périphériques ;

3° Qu'elles augmentent l'amplitude de la respiration.

La thérapeutique est en parfait accord avec la physiologie. Notre savant maître nous le prouve par sa communication à l'Institut (2 juin 1885). « Quelle que soit « la forme de l'asthme, qu'il soit nerveux, emphyséma- « teux ou catarrhal, après les séances d'inhalations de « *vapeurs pyridiques*, l'oppression diminue considéra- « blement, la respiration devient libre, facile, la soif « d'air moins impérieuse...

« Après deux ou trois séances l'expectoration devient

« plus abondante, plus fluide, les crachats perdent leur
« caractère purulent ou leur fétidité. »

En résumé la pyridine, et nous ajoutons la collidine,
guérissent l'asthme qui n'est, comme le prouve notre
savant maître, qu'une névrose bulbaire.

« Dans l'asthme cardiaque avec ou sans complica-
« tions rénale ou hydropique, ces bases peuvent rendre
« les plus grands services pour combattre le plus per-
« sistant, le plus pénible des phénomènes qui tour-
« mentent les cardiaques, l'oppression, soit continue,
« soit paroxystique. »

Les propriétés vaso-dilatatrices de ces substances
avaient échappé aux divers expérimentateurs ; néanmoins, l'éminent professeur de l'Hôtel-Dieu avait pres-
senti cette propriété, puisqu'il emploie ces bases avec
succès dans les accès d'*angor pectoris* ; il les indique
comme des médicaments d'action urgente (1). Depuis
plusieurs mois, les observations qu'il a recueillies, tant
en ville qu'à l'hôpital, lui ont appris que ces substances
ne constituent pas seulement des moyens d'action pressants, mais en outre que ce sont de véritables moyens
préventifs contre les attaques.

Enfin les résultats heureux, obtenus par les vapeurs
pyridiques ou *collidiques* dans toutes les dyspnées
d'ordre nerveux où la respiration devient superficielle,
douloureuse, difficile, répondent à cette propriété curieuse, mais très manifeste de ces bases, à savoir qu'elles
augmentent l'amplitude de l'inspiration et diminuent
le nombre exagéré des respirations.

(1) Maladies simples des poumons, par le professeur Sée, 1886.

OBSERVATIONS.

Toutes nos observations ont été prises à la Clinique médicale de l'Hôtel-Dieu sous la surveillance du professeur G. Sée ou de son chef de clinique, M. le Dr Capitan ; nous aurions pu les multiplier davantage, mais nous avons préféré ne publier que celles qui nous paraissent les plus intéressantes. Nous les avons divisées en deux classes :

1° Celles où le désordre respiratoire dépend de lésions pulmonaires ou d'un trouble dans l'innervation du bulbe ;

2° Celles où l'oppression est surtout sous la dépendance de lésions cardiaques soit valvulaires, soit myocardiques.

Nous remplissons un agréable devoir en remerciant nos amis Colin, Cherbuliez, Duclos, Fournier, Longo, Macquart, Souza Leite, Soutakis, externes du service, qui ont bien voulu nous seconder dans notre tâche.

OBSERVATION I (recueillie par M. le Dr Capitan,
chef de clinique).

Asthme toxique.

Le nommé X..., âgé de 48 ans, entre à l'Hôtel-Dieu, salle Saint-Joseph, en 1885. C'est un homme de bonne santé habituelle, légèrement éthylique, qui récemment a pâti. Il ne toussait qu'un peu le matin ; n'a jamais fait de maladie grave.

Se trouvant sans ouvrage, il entre le 22 mai 1885, chez un fondeur en bronze où on l'occupe à décaper des pièces de bronze en les trempant dans un mélange d'acide nitrique, de sel et de suie dilués dans de l'eau. Cette opération donne lieu à un dégagement considérable d'acide hypoazotique. Travaillant dans un local mal ventilé, peu au courant des précautions à prendre, le malade respire les vapeurs toxiques ; il est pris immédiatement de quintes de toux, puis de dyspnée et d'une expectoration qui devient bientôt rougeâtre. Après quelques heures de ce travail, tous ces accidents s'aggravent, la dyspnée devient excessive, il est obligé de cesser et forcé de se faire conduire à l'hôpital. Examiné peu après son entrée, salle Saint-Joseph, n° 13, on trouve un homme présentant une dyspnée excessive, cyanosé, couvert de sueur, presque asphyxiant, ne respirant qu'en mettant en jeu tous ses muscles expirateurs. C'est qu'en effet, on peut constater chez lui que l'inspiration est relativement assez facile, tandis que l'expiration est excessivement pénible et prolongée. A ces signes objectifs correspondent des signes d'auscultation analogues.

Le thorax, distendu au maximum, présente à la percussion une sonorité exagérée, à l'auscultation la poitrine est pleine de râles sibilants secs et sous-crépitants, la respiration est soufflante, mais voilée, l'inspiration d'une durée légèrement plus grande que normalement, l'expiration *trois ou quatre fois* plus longue que l'inspiration, pénible, se faisant en plusieurs temps, par saccades. Les crachats peu abondants, visqueux et jaune rougeâtres, très analogues à certains crachats pneumoniques. Pouls rapide. T. élevée, 39°. En somme menace d'asphyxie.

On prescrit immédiatement *les inhalations de pyridine*, qui sont pratiquées en versant quelques gouttes sur une compresse qu'on approche de la face du malade. On verse à nouveau *un peu de pyridine* sur la compresse toutes les heures environ. Dès les premières *inhalations, le malade est soulagé*; une demi-heure après, l'amélioration est notable. L'expectoration semble un peu facilitée; l'expiration est un peu moins pénible. — Après *trois inhalations* le malade peut dormir quelques instants. Pendant la nuit, les inhalations sont faites toutes les deux heures.

Le lendemain 23, le malade se déclare soulagé et certainement il n'y a plus crainte d'asphyxie comme la veille, les crachats sont notablement plus fluides, ils sont toujours teintés en jaune rougeâtre. Les râles sont moins secs, la respiration un peu plus forte, l'expiration toujours très prolongée est moins saccadée; T., 38°,4. Le malade continue à respirer sur sa *compresse imprégnée de pyridine*, il peut s'alimenter très légèrement. L'amélioration se poursuit le soir, mais la dyspnée est encore notable. La nuit est assez bonne, le malade peut un peu dormir, bien que se réveillant souvent et respirant alors *la pyridine*.

Le 24. Le malade est mieux, la dyspnée est moindre, il peut causer sans difficulté; les crachats deviennent assez abondants, mais toujours teintés; les râles sont muqueux et sous-crépitants à grosses bulles, l'expiration est moins pénible, quoique encore fort longue; T., 38°. On continue *la pyridine* en espaçant *les inhalations*: toutes les deux heures pendant une demi-heure. La nuit est meilleure, le malade ne respire que deux ou trois fois la pyridine.

Le 25. L'amélioration est encore plus marquée, l'expectoration mousseuse n'est plus que légèrement teintée, les râles sont gros et abondants, la respiration bien moins soufflante et l'expiration certainement moins longue, il n'y a que peu de dyspnée, la température est à 37°,8. Le malade s'alimente un peu. Il inhale encore *de la pyridine*, mais irrégulièrement. La nuit est bonne.

Le 26. Le malade se sent bien, il n'y a plus qu'une légère dyspnée; l'expiration a encore diminué de longueur, les râles sont moins abondants, ils sont muqueux et à grosses bulles; l'expectoration est spumeuse et incolore. Le malade commence à manger, il ne respire plus de pyridine que de temps à autre. Il commence à se lever.

Les 27 et 28, l'amélioration continue, le malade ne respire plus de *pyridine*, il n'y a plus dans le poumon que quelques râles muqueux disséminés, la respiration est un peu soufflante et l'expiration un peu prolongée. L'expectoration est peu abondante, incolore.

Le 5 juin. Le malade conserve encore quelques râles disséminés et l'expiration a, à peu près, la même durée que l'inspiration. Pas de dyspnée; expectoration nulle, sauf quelques crachats le matin. Il y a encore un peu de lassitude.

Néanmoins, il sort sur sa demande, pouvant marcher et même faire des efforts sans être oppressé; on peut le considérer comme étant complètement guéri.

Observation II (recueillie par le Dr Capitan,
chef de clinique).

Œdème de la glotte.

Pernelle, 42 ans, horloger, entre, le 11 juin 1885, à l'Hôtel-Dieu, salle Saint-Joseph.

Bonne santé ordinaire. Alcoolisme probable; pas de syphilis. Au moment de la guerre, angine avec légère dyspnée durant deux jours à la suite d'ingestion de *neige*.

Homme maigre, l'air assez vigoureux, figure fatiguée. Il était en parfaite santé hier encore; aucun événement particulier ne s'était produit. Au milieu de la nuit il se réveille avec une dyspnée extrême qui l'oblige à se lever; le lendemain on le trouve au Bureau central, avec cornage et dyspnée tellement typiques que le diagnostic se fait immédiatement. La journée se passe avec assez de calme, la nuit de même. Mais le lendemain matin, 12 juin, la dyspnée a augmenté notablement, le cornage est extrême, la respiration très fréquente : 40 par minute. Le doigt introduit avec précaution permet de constater une tuméfaction extrêmement marquée des deux replis aryténo-épiglottiques, qui ont le volume environ de l'index, et de l'épiglotte, moins tuméfiée. Les replis sont mollasses, on sent très bien leurs bords s'accolant pendant l'inspiration: on prend grand soin de ne pas les déchirer. Cet examen est fort pénible et augmente la dyspnée. Dans les différents viscères, on ne trouve absolument rien; dans l'urine, un léger nuage d'albumine, pas de sucre.

Prescription : On verse alors 4 à 5 gouttes de pyridine sur une compresse et on la fait respirer au malade qui présente une teinte de cyanose très prononcée. Dès que le malade a fait 3 ou 4 inspirations, il accuse une sensation de soulagement très marquée et inhale largement, pendant quatre ou cinq minutes, les vapeurs de *pyridine* qui se dégagent de la compresse. L'*inhalation* finie, il éprouve un moment de calme, la respiration est moins pénible, beaucoup plus ample. Nombre des respirations: 27. Après quelques instants il s'assoupit. Cette période d'accalmie dure environ d'une demi-heure à trois quarts d'heure. On recommence l'*inhalation* de la même façon 5 à 6 fois par jour; il dort la nuit, mais on se tient toujours prêt à pratiquer la trachéotomie sur l'avis du *chirurgien qui la considère comme imminente.* Le soir et la nuit, le malade est à peu près dans le même état; *chaque inhalation le soulage toujours* de la même façon, la respiration est beaucoup plus ample, plus facile, moins précipitée.

Le lendemain matin, 13 juin. Le malade est un peu mieux, il rend des crachats visqueux très adhérents et rares, il peut avaler un peu de lait et de bouillon. On continue exclusivement le même traitement avec les mêmes avantages ; la température est toujours au-dessus de 40°. Néanmoins l'état paraît encore assez grave pour qu'on se tienne toujours prêt à trachéotomiser le malade ; la journée se passe assez bien, la nuit également, on continue à faire à peu près le même nombre d'*inhalations*, sans employer d'autre médication. T., 40° et 40°4.

Le 14. La température monte à 41°,6, on constate à la base du poumon gauche, en arrière, des râles sous-crépitants ; le malade est un peu affaissé sans que la dyspnée ait augmenté ; le cornage est même un peu moins marqué. L'examen par le toucher des replis aryténo-épiglottiques montre qu'ils sont toujours très volumineux, mais un peu plus durs.

Même prescription : Inhalations de pyrine toutes les deux ou trois heures ; le malade en tire le même bénéfice. Néanmoins l'état général semble encore assez inquiétant pour que les chirurgiens se tiennent encore prêts à faire la trachéotomie.

Le lendemain 15, matin. La température est tombée à 38°,6, le cornage a notablement diminué, le malade rend quelques crachats, *muco*-purulents, très adhérents, la respiration et bien moins embarrassée. Le danger de l'asphyxie semble être désormais conjuré ; le malade peut commencer à avaler des substances demi-solides : on continue les inhalations de *pyridine*. Le soir, la température est remontée à 41°,2, le malade est un peu agité.

Le 16. L'amélioration est encore plus marquée ; le cornage a presque complètement disparu ; la respiration n'est que peu gênée ; les replis aryténo-épiglottiques sont durs et laissent à l'air un espace étroit, mais ne s'accolent plus pendant l'insspiration. La température est à 39° ; il existe toujours quelques râles à la base du poumon gauche; on diminue le nombre des *inhalations de pyridine*.

Le lendemain, 17. L'amélioration continue, la respiration est presque complètement libre, le malade déclare ne plus se sentir malade, malgré une élévation de température de 40°,6, le matin; il y a encore quelques crachats *muco*-purulents. Les râles diminuent dans le poumon; on ne fait plus que trois inhalations de pyridine par jour; le soir, T., 39°,2.

Le 18. Le malade se sent absolument bien, il demande à manger, respire facilement, la température est tombée à 37°,8; il n'y a plus de râles dans le poumon. Les replis aryténo-épiglottiques ne se présentent plus que sous forme de deux petits bourrelets indurés peu saillants. T., 37°,8, on suspend les inhalations de pyridine.

Le malade sort le 21, avec guérison complète.

Réflexions. — Voici donc deux faits absolument différents et n'ayant qu'un point de commun, c'est l'existence de la dyspnée, dyspnée d'ailleurs fort dissemblable dans les deux cas. Quoi qu'il en soit, ces deux malades ont éprouvé un bienfait considérable de l'emploi de la pyridine. A quoi cela peut-il tenir? c'est ce que l'analyse physiologique seule de l'action intime de cette substance pourra nous révéler. Des expériences citées par M. Sée, dans sa communication et faites sous sa direction, il résulte que la pyridine produit chez les animaux, entre autres symptômes, une diminution du pouvoir réflexe de la moelle, extrêmement marquée. Or, appliquons cette donnée à l'interprétation des résultats obtenus sur les deux malades. Dans le premier cas il s'agit d'un homme dont le système respiratoire est brusquement soumis à une irritation intense qui a pour résultat d'amener par voie réflexe une contraction spasmodique des muscles inspirateurs et de réaliser complètement, en une véritable expérience clinique, l'accès d'asthme nerveux. Si donc, dans ce cas, dont la pathogénie semble nette, nous employons une substance capable de faire précisément l'inverse, de diminuer le pouvoir réflexe médullaire, cet antagonisme entre l'action toxique et l'action médicamenteuse suffisamment prolongée pourra amener le retour à l'état normal. Cette action dépressive du pouvoir réflexe pourra de plus amener un état d'accalmie générale, enfin, l'influence bien nette de la pyridine sur l'augmentation de la sécrétion bronchique, achèvera de débarrasser le poumon. C'est précisément ce que nous voyons réalisé dans la première observation, et ainsi peut s'expliquer l'action de la pyridine dans ce cas.

L'interprétation dans le second fait est un peu plus complexe ; il s'agit, en effet, d'un œdème de la glotte et de prime abord il paraît étrange qu'une action médicamenteuse puisse avoir raison d'une gêne mécanique de la respiration. Mais si on observe avec plus de soin, on peut facilement se convaincre que dans toute dyspnée, fût-elle purement mécanique, il existe toujours un élément nerveux qui vient se surajouter. Ne voit-on pas souvent, par exemple, l'œdème de la glotte s'accompagner de troubles du rythme respiratoire ou bien d'accès de dyspnée spasmodique certainement sous la dépendance du système nerveux. C'est que la gêne de la circulation diminue profondément l'hématose et que le sang

asphyxique porte son action sur les centres nerveux.
Cette action se traduit alors par une excitabilité des
noyaux bulbaires d'où résultent ces modifications de la
respiration. Si donc, en pareil cas, on peut diminuer le
pouvoir réflexe des centres nerveux, excités anormale-
ment par le sang asphyxique, et ce, sans qu'il en résulte
d'autre part le moindre danger, on pourra diminuer
d'autant l'étouffement du malade, supprimer la dyspnée
nerveuse en laissant seule subsister la dyspnée mécanique. C'est là vraisemblement le but qui a été atteint
chez le malade à l'œdème de la glotte. La pyridine ne
l'a certes pas guéri de son œdème de la glotte, mais elle
lui a vraisemblablement permis de laisser évoluer la maladie sans risque d'asphyxie, il a été dans l'état d'un sujet trachéotomisé préventivement et dont l'œdème du
larynx a ainsi le temps de disparaître. Quoi qu'un peu
plus effacé dans ce fait, le rôle de la pyridine est encore
bien important ; ce n'est certes pas un mince bénéfice
que d'avoir en ce cas remplacé la trachéotomie par
quelques inhalations de pyridine.

On le voit, ces deux faits cliniques peuvent être con-
sidérés presque comme deux expériences permettant
d'élucider le mécanisme du mode d'action de la pyridine. Ils prouvent une fois de plus la puissance que
possède ce corps contre les dyspnées, quelle que soit
leur origine ; ils montrent d'autre part que même dans
des cas aussi graves son emploi est facile et que les résultats qu'il fournit peuvent dépasser même toute at-
tente.

Nous avons transcrit *littéralement*, et nous ne pouvions mieux faire, les réflexions que ces deux observations ont suggérées à M. le chef de clinique médicale de l'Hôtel-Dieu. Je saisis encore cette occasion pour remercier M. le Dr Capitan de la bienveillance avec laquelle il a bien voulu me guider dans mes recherches. L'interprétation qu'il a donnée des phénomènes obtenus par les inhalations pyridiques est absolument d'accord avec ce que la physiologie et la clinique nous ont appris depuis sur l'action de cette base. Nous voudrions insister sur l'élément nerveux qui vient se surajouter si souvent aux dyspnées mécaniques pour en augmenter l'intensité, élément nerveux sur lequel M. Capitan a insisté. Nous-même, en effet, avant de prendre connaissance de la note transcrite ci-dessus, nous avions été frappé des dyspnées paroxystiques qu'on observe dans plusieurs maladies, surtout chez les névropathes, sans qu'aucune cause anatomique appréciable se soit surajoutée pour donner l'explication de ce singulier fait : tel tuberculeux, par exemple, qui a 30 respirations à 4 heures du soir en aura 50 dans quelques instants, principalement si l'état atmosphérique vient à changer. Cette modification respiratoire survenue rapidement chez les phthisiques se produit dans bon nombre d'autres affections ; nous l'avons observée maintes fois, surtout chez les fébricitants. J'ai recueilli l'observation d'un alcoolique atteint d'une pneumonie infectieuse type, maladie si bien décrite par le professeur de clinique de l'Hôtel-Dieu, dans son beau livre sur les *Maladies spécifiques (non tuberculeuses) du poumon*, 1885, Ce malade avait 40° de température et une dyspnée intense : 55 respirations, superficielles, saccadées. Comme cette dyspnée ne paraissait pas en rapport avec les signes trouvés, je fis respirer au malade des *vapeurs collidiques*. Au bout de cinq minutes d'*inhalations*, l'inspiration était devenue profonde ; le nombre des respirations était tombé à 43 ; deux heures après cette séance, l'amélioration constatée du côté de la respiration s'était maintenue ; le malade s'en rendant bien compte, demanda *un peu de collidine* et s'en trouva bien ; il guérit, du reste.

Quelle explication peut-on donner de ces dyspnées paroxystiques ? Nous croyons qu'ici la cause réside dans un désordre de l'innervation du centre respiratoire. On peut dire que ce désordre lui-même est dû à des causes prédisposantes : le plus souvent des lésions pulmonaires plus ou moins étendues ; et à des causes déterminantes, telles que diminution rapide de la pression atmosphérique, une modification dans l'état hygrométrique, l'état électrique. On sait, en effet, que des troubles de l'innervation se produisent lorsque la tension électrique de l'atmosphère augmente. On connaît la sensation de malaise que produisent les orages surtout chez les névropathes.

Pour terminer, disons que, dans la plupart des dyspnées, il existe souvent un désordre d'innervation du centre respiratoire, désordre toujours combattu efficacement par *les inhalations pyridiques ou collidiques* ; cette curieuse propriété de ces deux substances suffirait pour les recommander à tout praticien qui s'intéresse aux progrès de la thérapeutique.

Observation III (personnelle).

Néphrite mixte; asthme rénal périodique.

A... (Victor), 45 ans, puisatier, entre le 9 mars 1886, à l'Hôtel-Dieu, salle Saint-Christophe, n° 12 *bis*.

Il n'a rien à nous apprendre comme antécédents héréditaires. Pas de syphilis, pas de signe d'alcoolisme.

Il y a deux ans, il s'aperçut qu'il était essoufflé lorsqu'il montait un escalier, mais l'état général était bon, l'appétit conservé; trois mois après il eut des maux de tête, des troubles de la vue, puis les jambes commencèrent à enfler, il entra pour cette raison à Necker et y resta pendant quatre mois, où il fut soumis au régime lacté, à cause de l'albumine abondante qu'on trouvait dans son urine. Il en sortit malgré l'avis du chef de service, pour y entrer deux mois après, toujours pour son albuminurie. Il est entré plus tard à la Pitié, puis à la Charité, pour faire soigner sa néphrite.

État à l'entrée. — Nous trouvons un homme pâle, la face un peu bouffie; les pieds sont œdématiés et l'œdème remonte un peu au-dessus des malléoles; le pouls est petit, faible; rien d'anormal à la percussion et à l'auscultation, soit aux poumons, soit à la plèvre. La matité précordiale n'est pas trop exagérée en étendue; on trouve le bruit de galop; les urines sont abondantes, pâles, deux litres en moyenne, contenant 4 grammes d'albumine par litre.

Depuis quelques mois il se plaint d'accès de dyspnée qui surviennent surtout la nuit et de l'insomnie qui en est la conséquence.

Prescription: Régime lacté; 10 centigrammes de digitale pendant quatre jours.

Le 20 mars. L'œdème a disparu, il ne se plaint plus de

maux de tête, mais la dyspnée nocturne l'empêche de dormir ; à partir d'une heure du matin, il est obligé de s'asseoir et souvent de se lever pour respirer à son aise.

Prescription : Iodure de potassium, régime lacté, potages.

Le 25. Le malade se plaint encore de ses étouffements, de manque d'air ; il dit qu'il a passé une très mauvaise nuit, il respire en effet très mal (*V. tracé n° 1, avant la pyridine*).

Prescription : Inhalations d'air pyridiné pendant dix minutes.

La dyspnée est beaucoup moins intense ; la respiration pénètre plus facilement, elle est moins précipitée, beaucoup plus ample (*V. tracé n° 2, quinze minutes après la pyridine*).

Nous laissons le pneumographe en place, nous ne touchons ni au cylindre inscripteur, ni au stylet ; une heure après les inhalations, nous reprenons le tracé respiratoire ; on pourrait le superposer au tracé n° 2, ce qui montre que le mieux, constaté après la pyridine, persiste encore.

Le 25, à 4 heures du soir, nous revoyons le malade ; il nous dit et nous constatons que la respiration est facile, ample, normale.

Le 28. La dyspnée n'a pas reparu. Bon état général.

Le 30. Céphalalgie intense. Face légèrement bouffie.

Prescription : 30 grammes d'eau-de-vie allemande.

Le 1er avril. Ni mal de tête, ni œdème.

Le 3. L'oppression a reparu ; à 9 heures du matin, la respiration est courte, superficielle. R., 29.

Prescriptions : Inhalations de pyridine pendant dix minutes.

La respiration devient facile, ample, profonde. R., 22.

Le 7. Le malade se plaint d'avoir passé une très mauvaise nuit, d'avoir été très oppressé à partir de 2 heures du matin. Lorsque nous le voyons à la visite de 9 heures, il est encore gêné.

Prescription : Air pyridiné. Le soulagement est immédiat.

Depuis ce jour, le malade s'est procuré une petite bouteille dans laquelle j'ai versé *quelques gouttes de pyridine;* il a toujours sa fiole près de lui ; aussitôt qu'un accès d'oppression commence, il l'enraye par l'inhalation de *vapeurs pyridiques;* les nuits sont, dit-il, bien meilleures ; il serait un homme heureux, s'il ne souffrait de la tête de temps en temps. Comme il est court d'haleine, quand il monte un escalier, il respire avant et après un peu de *pyridine* et il le monte alors sans difficulté.

Réflexions. — Dans son remarquable livre sur les *Maladies simples du poumon*, paru en 1886, le professeur Sée insiste sur la double dénomination d'asthme albuminurique et urémique : « Les dyspnées brightiques mentionnées par Bright, dit-il, étudiées longuement dans mes *Leçons* de 1861, qui se trouvent reproduites avec un grand talent dans la thèse de Fournier, admirablement décrites dans leurs formes graves par Jaccoud, puis par Corvin, sont des dyspnées graves ou même mortelles ; c'est l'asthme urémique proprement dit; mais là ne se bornent pas les profondes perturbations de la respiration. Je ne soupçonnais pas en 1878, lors de la publication de mon *Traité des maladies du cœur* avec Labadie-Lagrave, la grande fréquence d'un asthme que j'appelle albuminurique, qui procède exactement comme les accès d'asthme nerveux et qui est loin de présenter la gravité de l'accès urémique... Ainsi, outre les graves accès d'asthme urémique, il existe des accès modérés d'asthme rénal périodiques. Il y a une troisième espèce d'asthme qui est continu et ressemble à l'asthme catarrhal, c'est la forme bronchitique, décrite par Lasègue sous le nom de bronchite albuminurique ; il est enfin un quatrième type qui est le plus anciennement connu, c'est celui décrit par Heaton, par Pihan-Dufeillay, c'est l'urémie respiratoire... »

C'est la deuxième forme que nous avions à combattre ; on voit avec quel succès thérapeutique nous l'avons fait ; nous regrettons de n'avoir pas eu d'accès d'asthme urémique paroxystique ou permanent à observer ; nous croyons que nous aurions enregistré de nouveaux succès dus à la *pyridine :* l'expérience que nous avons de ce précieux médicament et surtout la grande autorité du professeur Sée nous autorisent à faire cette supposition. Voici ce qu'il dit au traitement des accès urémiques : « *Les diverses formes d'asthme ont été attaquées par l'iodure de potassium ou d'éthyle,* et j'en ai observé parfois de bons résultats ; la *pyridine* me paraît préférable même à la morphine qui a le tort de s'accumuler dans les reins brightiques. » Quelle est donc la cause de la dyspnée urémique ? les auteurs s'accordent à reconnaître que cette dyspnée relève d'un trouble fonctionnel du bulbe rachidien, résultant de l'action du sang rendu toxique par la présence des matériaux excrémentitiels ; la dyspnée est-elle due à une action directe des principes sur le centre respiratoire, ou résulte-t-elle indirectement des troubles vaso-moteurs ? *Traube, G. Sée,* dit Fournier, croient qu'il y a excitation des nerfs vaso-moteurs des artères bulbaires, et par suite anémie du bulbe. L'action prompte, rapide, obtenue par la *pyridine,* dont nous connaissons la propriété vaso-dilatatrice, vient à l'appui de cette théorie, soutenue encore par notre éminent Maître dans son *Traité* de 1879 *sur les maladies du cœur.*

Observation IV (recueillie par M. le Dr Mathieu, chef de clinique).

Asthme catarrhal. Emphysème.

Le nommé Mor... (L.), âgé de 66 ans, bijoutier, entre le 2 mai 1885, salle Saint-Christophe, lit n° 12.

Est atteint depuis plusieurs mois d'une bronchite généralisée, avec emphysème et accès d'oppression. L'athérome artériel est assez accusé, cependant il n'y a rien au cœur. Dans les poumons, on constate des signes de bronchite généralisée; de plus, aux bases, des deux côtés, il y a des râles sous-crépitants nombreux. Pas d'albuminurie. Les accès d'oppression surviennent surtout à propos de la marche et de la montée d'un escalier. Sous l'influence de plusieurs séances de *pyridine, amélioration marquée dès le premier jour.* La respiration devient plus facile, les accès d'oppression sont moins aisément provoqués. L'expectoration est moins purulente, plus abondante, plus pituiteuse. Les râles sibilants et ronflants diminuent, les râles sous-crépitants de la base persistent, mais sont plus humides.

La malade continua à respirer *des vapeurs pyridiques;* ce traitement lui procura une amélioration très marquée.

Observation V (recueillie par le Dr Mathieu, chef de clinique).

Asthme emphysémateux ; accidents graves d'iodisme.

La nommé Th..., âgée de 53 ans, blanchisseuse, salle Sainte-Jeanne, lit n° 17, est dans le service depuis près de deux ans, pour une bronchite emphysémateuse, avec crises asthmatiques prolongées. *L'iodure de potassium* la soulage sûrement, mais lui donne de la gastralgie, des vomissements et des éruptions fort pénibles. A plusieurs reprises, la *pyridine* a arrêté des crises commençantes ; la malade éprouve toujours par elle une amélioration immédiate, qui permet de moins prolonger l'emploi de l'iodure et d'éviter ses inconvénients.

Observation VI (recueillie par le Dr Capitan, chef de clinique).

Dilatation des bronches. Asthme permanent.

Franco, 53 ans, chauffeur, entre le 23 mars à l'Hôtel-Dieu, salle Saint-Joseph, lit n° 21. Bonne santé ordinaire. Début en 1884. Hémoptysies, râles dans tout le poumon. Examens bacillaires répétés : pas de bacilles. Amélioration en août. Rechute en janvier 1885. Oppression constante. Accès d'asthme spontanés pendant la nuit. Dyspnée au moindre effort. Râles sibilants et ronflants remplissant les deux poumons ; crachats opaques, nummulaires, adhérents.

1re Expérience. — *Inhalation des vapeurs de 30 gouttes de pyridine sur un mouchoir pendant une heure.*

Étourdissements, bourdonnements, état vertigineux un peu nauséeux. Céphalalgie frontale, assoupissement, puis tendance invincible au sommeil. Mais en même temps une heure environ après l'inhalation : expectoration abondante spumeuse liquide, diminution très notable de la dyspnée ordinaire et des crises d'asthme.

2ᵉ Expérience. — *Le malade quelques jours après est enfermé dans une petite chambre pouvant cuber 28 mètres cubes. On verse 3 à 4 grammes de pyridine dans une soucoupe et le malade respire dans la chambre, dont l'air est ainsi chargé de vapeurs,* pendant une heure. Pendant ce temps, somnolence très marquée, mais le malade respire sans tousser ni cracher. En sortant, presque aussitôt expectoration abondante, spumeuse ; la dyspnée disparaît presque entièrement et le malade peut faire des efforts, monter presque *sans souffler ;* nuit complète sans crises d'asthme. Le lendemain matin, les râles ont presque complètement disparu des poumons. On continue les inhalations d'abord une fois, puis deux fois par jour. Mêmes phénomènes. Ce malade dès qu'il commence à respirer la pyridine éprouve un vrai bien-être, vide ses poumons en sortant de la chambre d'inhalation et se trouve presque dans son état normal pendant vingt-quatre heures. Dès le troisième jour, les poumons étaient absolument libres de tout râle et l'expectoration exhalait une forte odeur de *pyridine* qui (ainsi qu'on a pu le voir ultérieurement) persistait même trois jours après que le malade ne prenait plus d'inhalation.

3° Expérience. — *On fait prendre au malade en vingt-quatre heures d'abord,* 0 *gr.* 05, *puis* 0 *gr.* 15 *de nitrate de pyridine en potion. Le goût en est âcre et brûlant et suffocant, d'où grande difficulté pour le faire prendre au malade.* Les effets notés sont : une céphalalgie s'aggravant peu à peu, une somnolence très marquée avec étourdissements et bourdonnements au réveil; *un état vertigineux permanent avec sensation constante de vague cérébral. Amélioration peu marquée de la respiration.*

OBSERVATION VII (recueillie par M. le Dr Capitan,
chef de clinique).

Asthme bronchique. Emphysème et bronchite chronique.

Jolly, 64 ans, marchand des quatre saisons, entre à l'Hôtel-Dieu, salle Saint-Joseph, lit n° 20. Malade depuis trois ans, à la suite d'une fluxion de poitrine, toux continuelle, oppression et crises d'asthme nocturnes. Aggravation depuis deux mois. Traité sans succès pendant vingt jours par les moyens ordinaires dans le service de M. Cornil.

Oppression continuelle, expectoration peu abondante; sonorité exagérée du thorax, râles sibilants, ronflants et sous-crépitants dans les deux poumons.

Prescription : Deux séances par jour dans la chambre d'inhalation, de une heure chacune.

Dès le second jour, respiration moins pénible, nuits plus calmes, les crises d'asthme ont notablement diminué, l'expectoration est plus abondante, plus liquide. Au huitième jour, diarrhée durant trois jours, un peu d'étourdissement.

Au bout d'une dizaine de jours, les bons effets s'atténuent, il faut diminuer la durée des séances et le bénéfice qu'il en retire est peu marqué. Cependant l'oppression est moins forte qu'avant le traitement et les crises moins fréquentes.

OBSERVATION VIII (recueillie par M. le Dr Capitan,
chef de clinique).

Asthme bronchique. Emphysème. Bronchite chronique.

Lugun, peintre en bâtiments, 54 ans, entre à l'Hôtel-Dieu,
salle Saint-Joseph, lit n° 17. Depuis son enfance, rhumes fréquents, tousse presque constamment. Aggravation depuis
deux ans.

· Emphysème, bronchite généralisée, expectoration assez
abondante, épaisse. Oppression constante et accès nocturnes
de dyspnée.

*Prescription : Inhalations de pyridine. Deux séances par jour
d'une heure.* Premier jour, assoupissement lui permettant de
passer la nuit presque sans étouffer. Les jours suivants, la
respiration s'améliore, les crises nocturnes diminuent, les
crachats deviennent plus liquides et le sommeil meilleur. Un
peu de diarrhée et une fois ou deux vomissements au sortir
de la salle d'inhalation. Après une huitaine de jours, on est
obligé de suspendre. La dyspnée permanente est un peu
moindre; les crises nocturnes ont presque complètement
disparu. En somme, amélioration définitive, mais peu marquée et en tout cas infiniment moindre que l'amélioration
obtenue pendant les jours où le malade faisait les inhalations.

OBSERVATION IX (recueillie par M. le Dr Capitan,
chef de clinique).

Asthme permanent.

Pernot, 62 ans, journalier, entre à l'Hôtel-Dieu, salle Saint-
Joseph, lit n° 13. Début il y a un an. Signes de bronchite géné-

Dandieu.   6

ralisée ; râles muqueux et sous crépitants. Pas de bacilles. Crachats rares, nummulaires, visqueux, oppression continue, très marquée ; pas de crises de dyspnée, toux fréquente.

Prescription : Deux séances par jour. Amélioration seulement le second jour. *Diminution marquée de l'oppression.* Pendant chaque séance d'inhalation, la toux et l'expectoration augmentent, puis le malade sort très soulagé, respirant assez librement.

Le lendemain matin, les râles ont presque complètement disparu. Après 9 ou 10 jours, il est nécessaire de suspendre le traitement, le malade a des étourdissements, des nausées.

Résultat du traitement : Amélioration de la respiration qui est moins embarrassée qu'au début.

Observation X (personnelle).

Asthme emphysémateux ou alvéolaire.

Moug..., 44 ans, charpentier, entre le 12 mars 1886 à l'Hôtel-Dieu, salle Saint-Joseph, lit n° 13 *bis*.

Père et mère ni goutteux, ni asthmatiques ; pas de syphilis, pas de signe d'alcoolisme.

Au commencement de novembre 1884, s'étant couché bien portant, il se réveille brusquement vers minuit en proie à une vive oppression ; sa respiration est sifflante ; il se lève et va dehors à la recherche de l'air frais. Au bout d'une heure de dyspnée et d'angoisse, il entre, se couche et dort paisiblement. Pendant huit nuits, à la même heure, l'accès reparaît.

Il allait bien, respirait sans difficulté, n'avait plus d'oppression, lorsque au mois de janvier 1885, il se refroidit, prend une bronchite, cause d'une deuxième attaque d'asthme qui dura dix jours, son médecin lui donnait du kermès et du sirop thébaïque.

Au mois de janvier 1886, il entra à Tenon pour une troisième attaque d'asthme.

Etat actuel. Le 13 mars. Depuis huit jours, dit le malade, l'oppression est permanente et prend surtout la nuit, le caractère d'accès. Le cou est gros et court, le thorax en tonneau. Pas de fièvre.

Poumons. Le diaphragme est abaissé, la sonorité pulmonaire qui déborde par en bas est sous-tympanique ; c'est que, dit le professeur Sée, le poumon étant distendu par l'air, la paroi vibre en même temps et trouble les ondulations de l'air, qui sans cela seraient régulières.

L'inspiration est pénible et sifflante, l'expiration est plus pénible encore, convulsive et beaucoup plus prolongée que l'inspiration ; des râles sibilants, ronflants, accompagnent surtout l'expiration, le nombre des respirations est de 19.

Cœur. Matité absolue peu appréciable. Bruits sourds, pas de lésion valvulaire. Le pouls semble petit. Les urines sont normales. Pas d'œdème. L'expectoration est nulle.

Prescription : Le malade ira dans la salle à vapeurs pyridiques, le matin à 6 heures, le soir à 3 heures et à 7 heures et y séjournera chaque fois pendant vingt minutes.

Le 14 avril, à 9 heures du matin. Le malade a passé une bonne nuit, l'oppression a considérablement diminué, la soif d'air est moins vive.

Prescriptions : Inhalations de vapeurs pyridiques trois fois par jour.

Le 15. Les accès d'asthme n'ont pas reparu. La journée d'hier a été très bonne, il a dormi toute la nuit et n'a été légèrement gêné de la respiration qu'à 5 heures du matin.

Le 16. *Pas d'accès. Même prescription jusqu'au 24 avril.*

Le 24. Suppression de la pyridine.

Le 28, à 10 heures du matin. Apparition d'un nouvel accès. Il dure depuis quatre heures du matin. *M. le professeur Sée me charge de prendre le tracé* (V. n°s 3 et 4), *puis de lui faire respirer une compresse pyridinée.* Au bout de dix minutes d'inhalations l'accès est coupé court ; la respiration reprend son rythme habituel (V. tracé n° 5). Il passe une bonne nuit.

Le 29, à 10 heures. Pas d'oppression, peu de gêne respiratoire.

Prescription : Reprendre les séances d'inhalations pyridiques trois fois par jour.

Le 4 mai. Les accès d'asthme n'ont pas reparu depuis que le traitement par la *pyridine est régulièrement suivi.*

Le 21. Le malade guéri de ses accès et de son oppression, part pour Vincennes, emportant 3 grammes de pyridine.

OBSERVATION XI (personnelle).

Asthme emphysémateux.

H... (Victor), âgé de 34 ans, cartonnier, entre le 27 avril 1886 à l'Hôtel-Dieu, salle Saint-Christophe, lit 23.

Pas d'antécédents héréditaires. Pas de syphilis. Alcoolisme probable.

Les premiers accès d'asthme paraissent dater de 1869 ; le malade raconte qu'à plusieurs reprises il avait été obligé, surtout vers 1 heure du matin, d'aller respirer à la fenêtre, surpris par une sensation d'une vive anxiété, de soif d'air frais. En 1870, il s'engage pour la durée de la guerre et a plusieurs attaques d'asthme. En 1872, il tire au sort et est incorporé dans la cavalerie, mais la dyspnée asthmatique paraissant chaque fois qu'à cheval il traverse un nuage de poussière, on le réforme au bout de six mois.

Depuis il est entré plusieurs fois à l'hôpital Laennec et à celui de la Pitié, pour la même affection. On le traitait par l'iodure de potassium et par la morphine. Il raconte que s'étant procuré une seringue de Pravaz, il abusait de ces injections qui le soulageaient, mais qu'en connaissant les effets nuisibles, il a dû faire de grands efforts pour s'en déshabituer.

Etat actuel. — La dyspnée est presque permanente, mais avec exacerbation s'il monte un escalier. Les accès paraissent surtout la nuit.

Depuis le 23 avril, ils sont devenus subintrants.

Percussion. — La poitrine est en tonneau, le cou large et court. On trouve les limites du poumon reculées dans tous les sens, principalement par en bas, le diaphragme étant abaissé. Le son de percussion est plein, sous-tympanique, clair, et il s'étend à droite jusqu'à deux côtes plus bas que normalement ; à gauche, la matité cardiaque est plus abaissée ; elle commence à la cinquième côte, la matité absolue est à peine perceptible. Aux régions inférieures et latérales du thorax, le son de percussion est particulièrement sonore, profond, avec un timbre comme tympanique. Pour obtenir toute cette tonalité il faut, à cause de la rigidité des côtes, une percussion forte, comme l'enseigne notre maître, le savant clinicien de l'Hôtel-Dieu.

Auscultation. — Le murmure respiratoire est affaibli, l'inspiration est molle, lente, vésiculaire ; le bruit respiratoire est à peine perceptible, particulièrement dans la région intrascapulaire. Les bruits du cœur sont faiblement perçus, mais ne paraissent pas soufflés. Le pouls est normal. Le foie est abaissé, mais ne paraît pas congestionné. Pas d'œdème.

Prescription : 2 grammes d'iodure de potassium tous les jours.

Le 2 mai. Pas d'accès, mais coryza très intense.

Prescription: Suppression de l'iodure, le *malade respirera* de la collidine, si un accès se présente.

Le 5. Accès d'asthme à 2 heures du matin; au lieu de durer trois quarts d'heures comme ceux des jours précédents, sous l'action des *vapeurs collidiques*, il avorte complètement: « les crachats viennent en moins d'une minute, dit le malade, et je suis soulagé. »

Le 6. Accès paru à minuit, aussitôt coupé par la collidine.

Le 7. La malade fixe à sa chemise, à 9 heures du soir, une compresse imprégnée de collidine. Pas d'accès. Très bonne nuit.

Le 8. Suppression *de la collidine*, accès à 2 heures du matin, qui dure une heure et demie; il *essaie de respirer des vapeurs d'éther; il n'éprouve aucun soulagement.*

Le 9. Pas d'inhalations, accès qui éclate à 9 heures (V. tracé 6).

Prescription de collidine parfumée pendant quinze minutes; l'expectoration devient facile en même temps que la respiration devient normale (V. tracé 7). Depuis cette époque le malade a été soumis d'une façon régulière, trois fois par jour, à des *inhalations de collidine parfumée*. Les accès d'asthme n'ont pas reparu.

Le 18. Le malade part guéri de l'hôpital emportant quelques grammes de *collidine*.

Réflexions. — La nature intime de l'asthme vrai a été découverte il y a dix-neuf ans par notre savant maître, le professeur G. Sée. « L'asthme, dit-il, est une névrose primordiale, toujours chronique, toujours incidentée par des accès qui présentent un mécanisme déterminé, des caractères précis, une localisation définie. On peut et on doit considérer cette névrose comme ayant son siége dans le bulbe, c'est-à-dire dans le centre respira-

toire, son origine dans l'excitabilité réflexe innée ou
acquise de cet organe ; la cause de ses accès dans les
irritations impressives partant du nerf vague ou des
nerfs périphériques comme le trijumeau, enfin son point
d'arrivée dans les nerfs moteurs des muscles inspirateurs, du diaphragme en particulier. C'est donc une
névrose bulbaire, permanente, qui se montre à l'occasion d'une irritation surtout du nerf vague et finit toujours par une contraction tétaniforme du diaphragme. »
Cette définition si précise, si nette de l'asthme ne fut
pas généralement acceptée, et presque tous les cliniciens, sauf Bamberger (de Vienne), considéraient cette
affection comme due à la contraction spasmodique des
muscles bronchiques de Reiseissen. Cette dernière théorie vient d'être battue en brèche par un de ses partisans
les plus convaincus. Riegel, à la suite d'expériences fort
bien conduites, faites avec son assistant Edinger, vient
tout récemment de reconnaître son erreur et de démontrer d'une façon irréfutable l'existence de la névrose
respiratoire diaphragmatique, c'est-à-dire la négation
de l'asthme spasmodique.

La nature de l'asthme étant connue, le professeur
Sée en découvrit la thérapeutique. Il étudia le remède
secret antiasthmatique vendu à Boston, dont Horace
Green fit connaître la formule en 1860 et qui renfermait
de l'iodure de potassium. Il montra que si Trousseau
avait échoué dans le traitement ioduré, c'était par suite
de la faiblesse des doses ; ce n'est pas avec 0 gr. 25,
mais avec 2 gr. au minimum qu'on obtient un effet
favorable.

L'ioduration constitue, nous le répétons, la vraie méthode curative.

Cependant, à la suite de certains coryzas graves et persistants ou de douleurs stomacales trop fortes, lorsque les accidents graves d'iodisme surviennent (éruptions cutanées, générales, profondes, ecthymateuses), il faut substituer à l'iodure les inhalations de vapeurs pyridiques ou collidiques ; elles constituent un excellent traitement des accès, plus prompt, plus durable et bien plus inoffensif que le traitement par la morphine. D'ailleurs cette médication par les vapeurs de ces bases n'est pas seulement une méthode palliative, elle constitue une vraie méthode préventive contre les attaques d'asthme ; elle est, comme l'iodure, une véritable méthode curative : Un malade entrait le 22 juin, salle St-Joseph, en plein accès d'asthme aigu, tellement intense que le diagnostic de bronchite capillaire avait été fait par des cliniciens justement estimés ; M. le Professeur G. Sée, grâce à sa grande habitude des malades, ne vit là qu'une forte dyspnée asthmatique ; il soumit le malade *aux inhalations collidiques.* La séance durait à peine depuis dix minutes qu'une amélioration surprenante fut constatée. Le malade respirait facilement, parlait librement ; ce beau résultat, on peut le dire, *dépassait toute espérance.*

Cette observation nous montre combien est rapide l'action de ces bases en inhalation.

Observation XII (personnelle).

Pneumonoconiose ; bronchectasie ; emphysème.

B... (P.), brossier, 65 ans, entre le 18 mai 1886, salle Saint-Christophe, lit n° 9.

Il respire toute la journée, depuis l'âge de 30 ans, des poussières provenant des soies de porc et de sanglier qu'il passe au peigne ; ses camarades sont tous atteints comme lui de bronchite chronique ; ils crachent beaucoup. Il n'est pas syphilitique.

Il y a plus de dix ans qu'il est oppressé, qu'il crache beaucoup ; depuis trois ans il passe les hivers dans les hôpitaux pour cause d'oppression, d'étouffement.

Etat à l'entrée. — Mauvais état général ; très amaigri : a perdu l'appétit depuis plus d'un mois ; ne peut monter trois marches d'escalier sans s'arrêter ; dyspnée intense qui va jusqu'à l'orthopnée.

La poitrine est globuleuse, le murmure vésiculaire est affaibli, l'inspiration est rude, le bruit expiratoire est presque éteint ; on entend des râles muqueux, des souffles bronchiques ; les bruits du cœur sont normaux, mais profonds ; pas d'œdème ; l'expectoration, qui se divise en deux couches, une couche lourde, épaisse, et une couche plus légère, plus ou moins spumeuse, est fétide.

Le 19 mai, à 9 heures du matin, le malade ne peut rester étendu dans son lit ; il est assis, immobile, évitant tout mouvement ; sa parole est entrecoupée, sifflante.

Sa respiration est irrégulière, pénible, anxieuse (voir tracé n° 8).

Traitement : Inhalation de vapeurs collidiques pendant douze minutes. — Pendant la séance, il est pris de deux petites quintes de toux qui le débarrassent de crachats épais, lourds, fétides, qui obstruaient les bronches ; la respiration, quoique toujours un peu gênée, devient régulière, ample ; l'air pénètre plus facilement dans les alvéoles pulmonaires ; le malade se trouve bien soulagé (voir tracé n° 9).

Le 20, à 9 heures 1/2. La respiration est redevenue difficile, pénible ; le malade nous raconte que depuis 4 heures du matin il est assis sur son lit ; l'expectoration est presque nulle : « Je ne peux pas avoir mes crachats », dit-il.

Prescription : *Séance de dix minutes de vapeurs collidiques.* — Amélioration notable de la respiration ; expectoration facile, mais encore fétide.

A la suite des bons résultats obtenus par les *inhalations collidiques*, on donna au malade un petit flacon de collidine parfumée, et lorsque la respiration devenait difficile, il respirait des vapeurs collidiques. Ce mode de traitement lui procurait du repos pendant la nuit, l'expectoration se faisait aisément, était beaucoup moins fétide. L'appétit vint peu à peu.

Le 29. Le malade sortit très amélioré de l'Hôtel-Dieu, demandant un peu de collidine qui l'avait si vite soulagé.

Réflexions. — Les heureux résultats obtenus par les inhalations collidiques, comme le montrent les observations précédentes, corroborent ce que M. le professeur G. Sée avait déjà fait connaître de l'action de la pyridine, base dont les propriétés thérapeutiques sont les mêmes que celles de la colline. « Après deux ou trois séances, l'expectoration devient plus fluide, les crachats perdent leur caractère purulent ou leur fétidité, la respiration devient libre, facile, la soif d'air moins impérieuse. »

Observation XIII (personnelle).

Tétanos traumatique subaigu.

Lec... (Jean), 46 ans, maçon, entre le 26 mars 1886 à l'Hôtel-Dieu, salle Saint-Christophe, n° 3.

Très irritable ; ne présente pas de signes d'alcoolisme ; n'a jamais été malade.

Le 28 janvier 1886, il a l'annulaire gauche à moitié écrasé ; trois jours après, l'auriculaire gauche présente une plaie contuse produite par une barre de fer ; la même journée, il entre dans une grande colère, ne soigne pas ses plaies et travaille pendant trois jours. Alors, voici ce que le malade raconte : « Ma bouche restait fermée, je ne pouvais desserrer les dents ; je suis resté chez moi pendant quatre jours ; je ne prenais que du bouillon, ma femme me desserrait les dents avec une cuiller, mais j'avalais très difficilement. » De la rue Charron-des-Rentiers, il va à pied à la Salpêtrière, où il est reçu d'urgence. On le nourrit de lait ; on lui administre du chloral, les dents sont moins serrées ; comme ses plaies sont guéries et que l'état général semble meilleur, on l'envoie en voiture, au bout de huit jours, à l'Hôtel-Dieu. Il n'a jamais eu de fièvre.

26 mars. Pendant le trajet, les contractures semblent peu augmenter. Arrivé à l'Hôtel-Dieu, on le prie de descendre ; le malade, qui ne peut parler, fait signe qu'il ne peut se lever. « Mon corps était raide comme une barre de fer. » Le conducteur dit qu'il est monté seul. Croyant qu'il feint, on le menace de ne pas le recevoir. On le laisse une heure dans la voiture. Enfin on se décide à le porter dans la salle. Il étouffe, il respire difficilement.

Prescription : 5 *grammes de chloral*, qui lui procurent un léger sommeil.

Le 27. *Etat à l'entrée.* — Roideur dans la région cervicale, douleur à la nuque. Les muscles élévateurs de la mâchoire sont rigides. Ecartement des mâchoires impossible. Rigidité moindre des muscles du tronc et des extenseurs des membres inférieurs. Rigidité relative des muscles inspirateurs : la respiration est, en effet, très difficile.

Prescription : M. le professeur G. Sée le soumet aux inhalations pyridiques. Le malade se trouve immédiatement soulagé et d'une façon considérable ; à midi, il respire bien mieux ; à la visite du soir, M. le Dr Capitan trouve que la suffocation est à peu près disparue ; la respiration est beaucoup plus libre ; mais le malade est obligé de respirer des vapeurs pyridiques toutes les dix minutes ; s'il s'en dispensait, il devine que la gêne respiratoire reparaîtrait bientôt. La nuit, il prend 5 grammes de chloral ; il dort. Alimentation : lait, bouillon.

Le 28. Le lendemain matin, à son réveil, il sent que la respiration va devenir impossible ; il se sent serré de nouveau (comme dans un étau). Il respire les vapeurs pyridiques, qui font disparaître aussitôt cette sensation de constriction, d'étau, et la respiration devient facile, mais toute la journée et toutes les dix minutes son flacon de *pyridine* lui est nécessaire. Chloral, 4 grammes pour la nuit.

Les 29, 30, 31. Les arcades dentaires s'écartent de 5 centimètres ; les muscles de la nuque sont toujours contracturés.

Prescription : Inhalations de pyridine toutes les vingt minutes pendant la journée ; chloral, 4 grammes pour la nuit ; lait, bouillon. Les séances d'inhalations *pyridiques* peuvent être chaque jour plus éloignées.

11 avril. *Inhalations de pyridine toutes les heures.*

Le 12. Le malade se sent serré, à 8 heures du matin, au niveau du diaphragme ; il respire des vapeurs *pyridinées* et se trouve aussitôt soulagé ; cette sensation d'*étau* disparaît.

Le 13. Dans la nuit du 12 au 13, à 11 heures, cette constriction du thorax reparaît brusquement ; la respiration devient difficile ; le corps se raidit ; *Inhalations de pyridine* : « Le vent vient peu à peu, dit le malade, la constriction diminue insensiblement. — Pourquoi n'avez-vous pas pris de chloral, lorsque vous vous êtes senti si serré, lui ai-je demandé ? — Parce que je ne pouvais pas avaler ; mes dents étaient serrées. Je n'ai eu le temps que de m'asseoir sur mon lit et de prendre le flacon de pyridine. J'ai été soulagé immédiatement. Au bout de vingt minutes, j'ai pu boire 2 grammes de chloral. Vers minuit je me suis endormi. »

A partir de ce jour jusqu'au 28 avril, où il part guéri, les contractures et la gêne respiratoire n'ont plus reparu. Plus de signe de trismus, plus de douleur à la nuque.

Le malade n'a jamais été incommodé par la *pyridine*, à laquelle, dit-il, il doit la vie.

Réflexions. — Certains auteurs, notamment Roser et Billroth, ont considéré le tétanos comme une maladie infectieuse. Bien que cette opinion ne soit guère admise aujourd'hui, surtout depuis les expériences d'Arloing et de Tripier (ils ont introduit dans la jugulaire d'un cheval sain le sang d'un cheval atteint de tétanos, et la maladie ne s'est pas développée), devant des autorités scientifiques telles que Billroth, Roser, etc., le doute peut rester dans certains esprits.

Il me semble que le résultat heureux obtenu dans cette circonstance par la médication du professeur Sée aide à prouver que le tétanos est de nature névropathique, que les désordres qui le caractérisent sont dus à l'exagération de la puissance excito-motrice du centre spinal.

Qu'ont en effet démontré MM. G. Sée et Bochefontaine par leurs expériences physiologiques ; que la *pyridine, atténue l'excitabilité réflexe bulbaire et médullaire* ; que la substance grise du nœud vital et de la moelle, imprégnée de pyridine, a perdu son pouvoir réflexe qui est précisément exagéré, selon presque tous les auteurs, dans le tétanos.

Puisque nous connaissons d'une façon indubitable l'action de la *pyridine* sur le pouvoir excito-moteur de la moelle, que d'un autre côté nous avons constaté l'efficacité du traitement par la *pyridine,* dans ce cas de tétanos, nous pensons que c'est une nouvelle preuve à ajouter à tant d'autres qui plaident en faveur de la nature toute nerveuse du tétanos.

Nous ferons remarquer, en partant de ce cas particulier comment, connaissant l'action thérapeutique et physiologique d'un médicament, on peut tenter d'élucider la nature d'une maladie, problème si souvent difficile à résoudre. Nous ajouterons pour finir combien en dehors de l'action respiratoire efficace de *la pyridine* chez ce tétanique, elle a été inoffensive sur les autres fonctions organiques.

OBSERVATION XIV (personnelle).

Phthisie laryngée et pulmonaire.

M... (H.), 52 ans, cocher, entre le 23 avril 1886, à l'Hôtel-Dieu, salle Saint-Joseph. N'a jamais craché de sang ; tousse depuis deux ans, mais n'a jamais perdu l'appétit ; a peu maigri. A perdu la voix depuis le mois de février.

Le 16 mars, il entre à Saint-Antoine parce que, depuis huit jours il est pris tout d'un coup d'accès d'étouffement : « Quelque chose me remonte et m'étouffe », dit le malade, montrant son larynx.

La *morphine* qu'on lui donnait ne fit pas disparaître cette sensation de serrement, de constriction ; ne trouvant pas de soulagement, il quitta l'hôpital le 2 avril.

État à l'entrée. — Voix éteinte ; toux fréquente. Les accès d'étouffement paraissent plusieurs fois pendant la nuit. L'appétit est conservé. Craquements au poumon gauche ; caverne au poumon droit ; expectoration peu abondante.

Prescription : Sirop ioduré ; viande crue.

Le 9 mai. A 4 heures du soir, à la suite de contrariétés, il est pris d'un grand accès d'étouffement ; son visage est cyanosé ; il fait signe qu'il étouffe ; *l'éther, les vapeurs d'acide acétique ne le soulagent pas ; la surveillante emploie alors les inhalations collidiques ;* un mieux se manifeste aussitôt et au bout de dix minutes tout danger est éloigné.

Redoutant d'être pris d'un semblable accès pendant la nuit, il fixe à sa chemise une compresse de collidine ; ce traitement lui réussit complètement ; il reposa toute la nuit.

Depuis cette époque, le malade combat efficacement *par les vapeurs collidiques* cette sensation d'étranglement. La *collidine* ne l'a jamais indisposé.

OBSERVATION XV (personnelle).

Tuberculose pulmonaire ; pseudo-asthme tuberculeux.

V... (Henri), faïencier, 19 ans, entre le 10 février 1886, à l'Hôtel-Dieu, salle Saint-Christophe, lit n° 17.

Père mort tuberculeux. Pas de syphilis. Prend facilement des bronchites depuis l'âge de 10 ans. Il y a deux ans, a craché le sang pendant six mois.

État actuel. — Très amaigri, a perdu l'appétit ; sa voix est éteinte, par suite de tuberculose laryngée ; il est atteint de surdité par suite de tuberculose de la caisse. L'expectoration, la percussion et l'auscultation enseignent que les sommets des deux poumons sont le siège de cavernes et cavernules très manifestes.

Prescription : Huile de foie de morue ; viande crue ; café.

Presque tous les soirs, vers 6 heures, il est pris d'une dyspnée intense, d'une véritable orthopnée qui nécessite une injection de morphine. Il se trouve soulagé pendant plusieurs heures, mais la dyspnée reparaît souvent pendant la nuit et ne le laisse plus reposer.

Le 11 avril 1886, *à 5 heures du soir*, il a 66 *respirations* par minute ; il est assis sur son lit, en proie à une vive oppression.

Prescription : Inhalations de vapeurs pyridiques pendant cinq minutes.

Le malade se trouve immédiatement soulagé ; sa respiration est moins superficielle, beaucoup plus facile ; il sourit, nous remercie ; le nombre des respirations, encore considérable à cause des lésions pulmonaires, tombe à 42.

Le 20 avril, *à 6 heures du soir*, nous le trouvons dans cet état d'orthopnée ; il nous fait signe de lui faire respirer de la *pyridine*.

Avant : nombre des respirations, 64 (voir tracé n° 10).

Prescription : Inhalations de vapeurs pyridiques pendant cinq minutes.

Le nombre des respirations, après cette courte séance, *tombe à* 43 (voir tracé n° 11). A 9 heures du soir, le soulagement persiste ; le lendemain matin, le malade nous dit qu'il a passé une bonne nuit.

Depuis cette époque, le malade s'est procuré quelques gouttes de *pyridine ;* si un accès d'oppression se présente, il prend son flacon de *pyridine,* en respire les vapeurs pendant quelques minutes, et l'accès de dyspnée est aussitôt enrayé

La *pyridine* ne l'a jamais indisposé ; elle le prépare à dormir.

Observation XVI (personnelle).

Tuberculose.

R... (Edouard), 38 ans, employé, entre, le 1er mai 1886, à l'Hôtel-Dieu, salle Saint-Christophe, lit n° 6.

Signes évidents d'alcoolisme ; délire subaigu ; perte de l'appétit ; a beaucoup maigri depuis trois mois ; crache le sang depuis un an.

Le sommet du poumon droit présente, en avant et en arrière, des signes de ramollissement ; le sommet du poumon gauche offre quelques craquements.

Traitement : Huile de morue; noix vomique; viande raclée, légèrement grillée.

Le 3, à 10 h. Dyspnée intense ; le Dr Capitan me charge de lui faire respirer *des vapeurs pyridiques ;* mais le malade, toujours colère contre ceux qui l'approchent, refuse mes soins.

Le 5, à 11 h. La dyspnée reparaît et est accompagnée d'une toux superficielle, peu profonde, mais incessante.

Nombre des respirations : 55.

Le Dr Capitan, chef de clinique, s'arrêtant auprès de ce malade, fait remarquer à ses auditeurs que le mauvais état général dans lequel ce dernier se trouve ne doit pas être mis entièrement sur le compte de la tuberculose, les lésions étant en somme assez limitées : les habitudes alcooliques y sont pour beaucoup.

Traitement de l'accès de dyspnée : Vapeurs pyridiques pendant cinq minutes. Le malade, en proie à une vive oppression, accepte mes soins, et à peine a-t-il fait quelques inhalations *d'air pyridiné, que la toux, l'oppression disparaissent aussitôt. Nombre des respirations : 27. L'inspiration, qui était superficielle, devient beaucoup plus profonde.*

Le 5, à 4 h. du soir. *Nombre des respirations : 27.* L'oppression n'a pas reparu; la toux est absente. Le malade me dit qu'il se trouve bien, qu'il a mangé avec assez d'appétit.

Le 10, à 10 h. du matin. *Dyspnée :* 58 respirations par minute.

Traitement : Inhalation de pyridine pendant cinq minutes. La dyspnée est encore combattue efficacement; le nombre des respirations tombe à 28.

Avant d'essayer la pyridine, on avait essayé le sirop d'éther, qui n'avait pas procuré d'amélioration.

Obbservation XVII (personnelle).

Tuberculose.

V... (Marie), 46 ans, cuisinière, entre, le 6 avril 1886, à l'Hôtel-Dieu, salle Sainte-Jeanne, lit n° 17.

Ses père et mère sont morts, à un âge avancé, non tuberculeux. Mari mort, à 40 ans, de tuberculose. Fils mort, à 22 ans, de la même maladie. Toujours bien portante jusqu'à l'âge de 43 ans; à cette époque, elle a eu une pleurésie qui a duré deux mois. Depuis elle prend des bronchites au moindre refroidissement.

Etat à l'entrée : Très amaigrie ; perte de l'appétit ; toux suivie de vomissement.

Température : 38°,2. On trouve des signes manifestes de tuberculose ; craquements, râles muqueux, petites cavernes.

Traitement : Huile de foie de morue, terpine, viande crue.

Le 10, à 10 h. du matin. Dyspnée assez forte : 40 respirations par minute.

Après quelques inhalations de vapeurs pyridiques, le nombre tombe à 24 ; la malade parle librement et non par signes, comme elle faisait depuis quatre jours.

4 h. du soir. « *J'ai pu parler à tous mes visiteurs, dit la malade ; avant-hier, je les ai renvoyés.* »

Nombre de respirations : 27.

6 h. 3/4. La dyspnée reparaît : 39 respirations.

Traitement : Inhalations de vapeurs pyridiques pendant trois minutes. Nombre de respirations : 24.

A partir de ce jour, chaque fois que cette dyspnée paroxystique survenait, la malade la combattait efficacement avec *des vapeurs pyridiques.*

Elle n'éprouvait ni nausées, ni céphalalgie, mais une légère *somnolence,* si la séance durait plus de dix minutes.

OBSERVATION XVIII (personnelle).

Tuberculose pulmonaire.

V... (Jules), 35 ans, fondeur en cuivre, entre à l'Hôtel-Dieu, le 21 mai 1886, salle Saint-Christophe, lit n° 19.

Pas d'antécédents héréditaires ; a craché le sang il y a deux ans, mais a toujours travaillé jusqu'au mois de mars 1886 ; a maigri beaucoup depuis cette époque, tousse beaucoup la nuit et vomit ses aliments.

Etat à l'entrée. — A perdu l'appétit; ne peut faire dix pas sans être essoufflé.

Caverne volumineuse au sommet du poumon gauche; craquements et râles muqueux au poumon droit; est pris parfois le soir de dyspnée paroxystique.

Le 23, à 11 h. Le malade essaie de se lever; il est pris d'une dyspnée excessive : 55 respirations.

Inhalation de vapeurs pyridiques pendant cinq minutes. Je compte alors 24 respirations; elles sont beaucoup plus profondes; l'oppression, au lieu de durer vingt minutes, est aussitôt enrayée.

Depuis ce jour le malade n'est plus indisposé par les accès de dyspnée qui survenaient le soir; *les vapeurs pyridiques* les coupent aussitôt.

Il peut se lever depuis cette époque et se promener dans la salle; *la pyridine* lui donne *du vent* quand l'air manque; il peut même monter *les escaliers son flacon de pyridine à la main.* Cette médication ne l'a jamais indisposé.

OBSERVATION XIX (personnelle).

Phthisie pulmonaire.

B... (Victorine), 62 ans, cuisinière, entre, le 26 février, à l'Hôtel-Dieu, salle Sainte-Jeanne, lit n° 10.

Pas d'antécédents héréditaires. A craché le sang à l'âge de 30 ans; s'enrhume très facilement depuis cette époque et est obligée de garder le lit plusieurs mois tous les hivers pour fortes bronchites.

Etat à l'entrée. — Perte d'appétit; amaigrissement considérable; a perdu toutes ses forces; dyspnée continue et paroxystique.

A l'auscultation, on trouve une vaste caverne du poumon gauche ; à droite, il y a un épanchement très léger ; pas de fièvre.

Prescription : *Arsenic ; sirop ioduré ; viande crue.*

3 mars. Le peu de liquide qu'il y avait a disparu, mais l'état général est toujours le même ; elle se plaint de l'oppression, qui augmente subitement le soir, surtout par les temps orageux.

Le 24. Même état général, grande gêne de la respiration.

Prescription : Inhalation de vapeurs pyridiques au moment où la dyspnée augmente.

Depuis ce jour, la malade n'a plus d'accès d'oppression ; la *pyridine* les supprime.

22 avril. Attribuant avec raison l'amélioration respiratoire *aux vapeurs pyridiques*, la malade veut boire et boit plus d'un demi-gramme de pyridine et n'en éprouve aucun malaise.

Pendant la journée, nous l'avons surprise souvent endormie, tenant son flacon de *pyridine à la main.*

Elle meurt le 15 mai 1886.

Autopsie. — Il n'existe plus de tissu adipeux, les muscles sont absolument atrophiés ; les grands pectoraux sont rudimentaires. Le cœur est très petit, flasque ; au poumon gauche, vaste caverne ; au poumon droit, plusieurs cavernules. Les muscles inspirateurs sont tellement réduits de volume, qu'on peut se demander comment la respiration pouvait s'effectuer :

OBSERVATION XX (personnelle).

Phthisie pulmonaire.

B... (Alexandre), 55 ans, formier, entre, le 3 mai, à l'Hôtel-Dieu, salle Saint-Joseph, lit n° 20.

Pas d'antécédents ; signes manifestes d'alcoolisme ; perte de l'appétit ; émaciation ; oppression continue et paroxystique ; toux fréquente ; crachats abondants ; grandes cavernes aux deux poumons.

Prescription : Arsenic ; terpine ; viande crue.

Le 8, à 4 h. du soir. La dyspnée est grande : 60 *respirations, courtes, superficielles.* Après avoir respiré des *vapeurs pyridiques*, l'oppression diminue beaucoup ; le nombre des respirations *est* 42. Deux heures après, l'amélioration se maintient ; le chiffre des respirations est encore 42.

Depuis ce jour, lorsque les accès paroxystiques se présentent, il aspire *de l'air pyridiné* ; ce traitement lui réussit toujours.

Il meurt le 27 juin. L'autopsie confirma en tout point le diagnostic.

Réflexions. — Les observations précédentes nous montrent des tuberculeux pris de dyspnée exacerbante, sous l'influence de la toux, de la marche, de mouvements très restreints ; cette oppression est due à l'insuffisance de l'hématose : les désordres anatomiques du tissu pulmonaire font obstacle à l'afflux de l'air dans les alvéoles ; d'autres tuberculeux sont pris de dyspnée paroxystique, de quintes de toux sèches, après les repas, la nuit, à la suite d'un changement de l'état atmosphérique ; cette gêne respiratoire est évidemment d'origine nerveuse, puisque certains tuberculeux, non névropathes, avec des lésions très étendues, n'éprouvent jamais ces désordres de respiration, quelque temps qu'il fasse.

C'est d'ailleurs la manière de voir du professeur

G. Sée qui, dans son remarquable livre, si complet *sur la phthisie bacillaire* s'exprime ainsi : « La dyspnée paroxystique, la toux sèche, quinteuse, tourmente davantage ceux qui sont doués d'une grande excito-motricité de la moelle épinière ; c'est pourquoi elle existe surtout chez les individus jeunes, excitables, chez les femmes, chez les alcooliques. »

Quel traitement a-t-on fait jusqu'ici contre ces phthisies avec toux sèche et spasmodique, contre ces phthisies dyspnéiques et douloureuses ? La morphine a été conseillée avec raison, et jusqu'ici c'était la meilleure médication : la morphine fait respirer, a-t-on dit, mais elle a de grands inconvénients, elle diminue l'appétit qu'il faut toujours chercher à stimuler chez les phthisiques, et l'on sait qu'il faut *entourer de soins pieux l'estomac des tuberculeux* (Peter). Elle peut conduire à la morphiomanie ; nous avons vu plusieurs phthisiques, en plein accès de dyspnée, refuser pour cette raison toute piqûre de morphine.

D'ailleurs, la morphine ne débarrasse de l'oppression que pendant deux ou trois heures ; son action terminée, si la dyspnée reparaît, faut-il faire une deuxième, une troisième piqûre ? Voilà un tuberculeux qui ne peut descendre du lit, qui ne peut faire un pas sans étouffer, et cependant quelques mouvements lui seraient si profitables ! Faut-il encore avoir recours à la morphine ?

Eh bien ! grâce à quelques inhalations de *vapeurs pyriques ou collidiques*, il pourra se lever, marcher, se promener, il augmentera la capacité thoracique qui tend à diminuer, il dilatera ses poumons plus ou moins malades, qui font moins cependant qu'ils pourraient faire, il luttera enfin contre cette tendance à voir la respiration devenir de plus en plus superficielle, et par suite l'hématose de plus en plus difficile.

Nous savons en effet, tous nos tracés le prouvent, que la pyridine ou la collidine augmentent l'amplitude des inspirations ; la synergie des muscles est manifeste et prompte ; tous les malades accusent une respiration plus libre ; c'est un effet subjectif qui ne manque jamais.

Pour nous résumer : tout tuberculeux doit avoir dans sa poche un petit flacon de pyridine ou de collidine qu'il respirera chaque fois que pour une cause quelconque, l'oppression augmentera subitement ; ces médicaments d'ailleurs nécrophytiques ne peuvent nullement nuire aux phthisiques. Vu leur grande volatilité et leurs propriétés antiseptiques, ils sont de même indiqués dans toutes les maladies pulmonaires parasitaires.

Observation XXI (personnelle).

Pleurésie dont l'épanchement est résorbé.

J... (Louis), 30 ans, garçon d'hôtel, entre le 6 avril à l'Hôtel-Dieu, salle Saint-Joseph, lit n° 6.

Pas d'antécédents héréditaires, pas de syphilis, pas de signe d'alcoolisme ; n'a jamais été malade ; n'a jamais craché le sang. Il y a un mois, prend une pleurésie du côté gauche, peut-être diaphragmatique.

Etat à l'entrée. — Température : 37°,5. On entend des frottements pleuraux ; la respiration est superficielle et difficile, raison pour laquelle le malade entre à l'hôpital.

Prescription : M. le professeur G. Sée le soumet à l'inhalation des vapeurs collidiques.

Nombre des respirations, *avant :* 33 ; *après :* 25.

Il peut faire aisément des inspirations profondes.

Le 7, 9 h. du matin. La respiration est redevenue superficielle.

Prescription : *Vapeurs collidiques.*

Nombre des respirations, *avant* : 30 ; *après :* 24.

Le 8, 9 h. du matin. *Prescription : Inhalations collidiques.*

Avant : 29 respirations.

Après : 22 respirations.

Le soir : *Inhalations pendant un quart d'heure.*

Avant : 26 respirations.

Après : 22 respirations.

A partir du 9 avril, le malade a respiré tous les jours, pendant un quart d'heure, des vapeurs collidiques ; il n'en a jamais éprouvé aucun malaise, ni mal de tête, ni nausées.

Le 15. Le nombre des respirations est normal, la gêne respiratoire est disparue ; le malade est parti guéri le 18 avril.

OBSERVATION XXII (personnelle).

Pleurésie.

Biz... (Antoinette), 56 ans, couturière, entre le 25 avril 1886 à l'Hôtel-Dieu, salle Sainte-Jeanne, lit n° 7.

Pas d'antécédents héréditaires ; pas de maladies antérieures ; ni rhumatisme, ni syphilis ; présente de signes d'alcoolisme ; pituites et rêves bizarres ; a souffert de névralgies de 30 à 40 ans ; n'a jamais craché le sang. Depuis cinq mois sent un point de côté à droite, mais ce point se déplace. Elle traîne depuis quatre mois, mais cependant l'appétit est conservé ; garde le lit presque toujours depuis un mois et demi, parce que l'oppression est très grande aussitôt qu'elle veut marcher.

Il y a un mois, elle consulte un médecin, qui lui dit qu'elle a deux litres de liquide dans la poitrine ; ses ressources manquant, elle entre à l'Hôtel-Dieu.

État actuel. — *Poumons :* pleurésie à droite, avec épanchement ; pas de signe de tuberculose.

Cœur : Les bruits sont normaux ; pas de lésion d'orifice.

Pouls régulier, mais un peu fréquent : 95 pulsations ; 38° de température.

Urines normales, en quantité et qualité. Pas d'œdème.

Prescription : Diète lactée ; convallamarine.

3 mai. Une ponction donne 2 litres de liquide citrin.

Le 5. La respiration est superficielle, difficile ; nombre des inspirations : 35.

La malade ne peut se coucher sur le côté gauche, comme le chef de clinique le lui a recommandé, à cause de la *douleur* et de la *toux* qui paraissent aussitôt.

Le 6. Même état des mouvements respiratoires : 36 respirations.

Le 7, 3 h. 1/2. Gênée par la toux et l'oppression, elle ne parle qu'avec difficulté à son fils qui vient la voir ; elle ne peut rester sur le flanc gauche.

A 4 h. 1/2, je compte 42 respirations.

Après cinq minutes d'inhalations de vapeurs pyridiques, le nombre tombe à 22. Elle respire très facilement ; le point de côté disparaît ; elle se couche impunément sur le côté gauche et peut parler jusqu'à 7 heures à ses voisines.

Le 8. La nuit a été très bonne. A 9 heures du matin, le

nombre des respirations est 25 ; à 4 heures du soir, la douleur et la toux reparaissent si elle se couche sur le côté gauche.

Quelques inhalations de pyridine font aussitôt disparaître et le point de côté et la toux, tandis que le sirop d'éther ne la soulage pas.

Le 9. A passé une très bonne nuit. La respiration est facile.

Le 10, 6 h. du soir. La gêne à respirer, la toux, le point de côté se font sentir si elle se couche sur le côté gauche. Elle respire *de la pyridine pendant cinq minutes*, et elle est aussitôt soulagée.

Le 11, 9 h. du matin. Nombre de respirations : 23. Bonne nuit.

4 h. du soir. Nombre des respirations : 24. La malade peut se coucher sur le côté droit sans provoquer ni toux, ni dyspnée. Le point de côté a disparu.

Le 14. Respiration très facile. Le point de côté n'existe plus.

Le 15. Départ pour le Vésinet.

Réflexions. — Dans les deux observations précédentes, nous voyons l'action puissante des vapeurs pyridiques et collidiques chez des pleurétiques, où le nombre, l'amplitude, le rhythme de la respiration ont été aussi heureusement modifiés ; la dernière observation surtout nous montre une femme atteinte de dyspnée, dyspnée qui devient intense aussitôt que la malade veut se coucher sur le côté opposé à l'épanchement disparu. Son poumon droit, longtemps comprimé, devenu paresseux, avait de la peine à prendre sa distension première ; il ne voulait plus respirer ou plutôt fonctionnait, mais très mal. Les inhalations de vapeurs pyridiques soulageaient la malade presque aussitôt, qui pouvait dès lors parler, dormir à sa guise ; son poumon recouvra peu à peu son premier dévoloppement, ce qui n'est pas un mince avantage. Cette observation nous a aussi fourni l'occasion de faire une remarque que nous avons eu à noter dans plusieurs autres affections : lorsque, sous l'action d'un mouvement nerveux, la respiration se trouve rapidement modifiée, cette modification subsiste souvent une journée, plusieurs heures; il semble que le bulbe s'habitue à ce désordre d'innervation; en intervenant avec la *pyridine* ou la *collidine*, le praticien combattra efficacement cette oppression paroxystique, phénomène toujours très pénible, contre lequel on ne saurait avoir trop de moyens.

OBSERVATION XXIII (personnelle).

Pleurésie chez une chlorotique.

L... (J.), 18 ans, couturière, entre le 28 mai 1886 à l'Hôtel-Dieu, salle Sainte-Jeanne, lit 8.

A perdu l'appétit, léger œdème des malléoles, présente les signes du rétrécissement mitral. Léger épanchement à droite.

Prescription : Tartrate de fer et de potasse. Sulfate de spartéine. Viande crue.

Le 7 juin. L'épanchement est devenu abondant; on fait une ponction aspiratrice ; après l'opération qui donna un litre et demi de liquide séreux, la malade est prise d'une toux saccadée avec sensation d'oppression et d'angoisse.

Traitement: M. le professeur Sée me dit de faire respirer à la malade une compresse de collidine ; la respiration devient aussitôt beaucoup plus ample, beaucoup plus facile; le nombre des respirations qui était de 52 avant les inhalations tomba après au chiffre 24; dix minutes après la séance de pyridine, l'oppression était absolument disparue. Après avoir assisté à la visite, puis à la leçon du chef de service, c'est-à-dire deux heures après, l'état d'amélioration de la respiration se maintenait encore.

Réflexions: Cette observation nous révèle encore l'action favorable des inhalations *collidiques* sur la respiration.

Pendant et après la séance, la synergie des muscles du thorax était manifeste; l'ampliation de la poitrine, surtout dans le sens longitudinal, était facile à constater. Dans cette circonstance, nous eûmes à combattre les accidents dyspnéiques qui surviennent si souvent après l'évacuation de liquides pleuraux. Quelques jours après, le 5 juin 1886, M. le Dr Capitan, faisant une thoracentèse chez un malade de la salle Saint-Joseph, lit n° 18, qui avait beaucoup d'oppression, le patient fut soumis, pendant l'opération, à des vapeurs collidiques. *Trois litres et demi* de sérosité furent retirés. Le malade n'eut ni toux, ni oppression. Trois semaines auparavant, ponctionnant ce même malade, l'opérateur avait dû s'arrêter après l'évacuation de trois quarts de litre de sérosité, à cause d'une abondante expectoration albumineuse, d'accidents dyspnéiques presque asphyxiques, laissant ainsi une grande partie de l'épanchement. Nous ne voulons pas tirer de conclusion de ce premier essai, mais les idées théoriques qui nous ont conduit à le faire, nous encouragent à recommencer l'expérience qui ne peut, en tout cas, être nuisible.

Parlant de la *pleurésie* et de son *traitement* (1), M. le professeur G. Sée dit : « L'expectoration albumineuse, l'oppression sont dues à une congestion rapide et à un œdème aigu des poumons; elles résultent d'un trouble de la circulation cardio-pulmonaire. »

M'appuyant sur les phénomènes subjectifs éprouvés par les malades quand ils respirent les vapeurs de ces bases (cela les oblige à respirer), sur l'accroissement d'amplitude qui s'ensuit, comme le montrent tous nos tracés, et sachant, d'après la proposition de MM. Marey, Sée, Conheim, que la circulation pulmonaire est d'autant plus facile que la respiration est plus profonde, il nous semble que tout nous autorise à recommencer ce premier essai.

Nous ne voulons pas quitter cette observation sans dire un mot, bien que cela sorte de notre sujet, des signes de rétrécissement mitral que présente cette chlorotique. Cette coïncidence a souvent frappé notre savant maître, ce grand observateur qui a vu tant de chlorotiques, surtout depuis son beau travail sur les *anémies* (2), se demande si ce désordre dans la composition du sang ne doit pas être attribué au rétrécissement mitral latent qui échappe si souvent au clinicien ; en tout cas, il ne croit pas que la chlorose pure puisse donner lieu à un œdème aussi manifeste que chez cette malade, si toutefois la

(1) Maladies simples du poumon, 1886.
(2) Du sang et des anémies, 1866.

chlorose seule peut engendrer l'œdème, ce qui n'est pas démontré.

Oʙsᴇʀᴠᴀᴛɪᴏɴ XXIV (personnelle).

Empoisonnement par le laudanum.

M... (E.), 27 ans, menuisier, est porté à 5 heures du matin, mourant, à l'Hôtel-Dieu, salle Saint-Christophe, lit nº 1, le 2 juin 1886. Il a absorbé du laudanum, on ne sait à quelle heure.

A la visite du matin, 9 heures 20, le Dʳ Capitan le trouve très refroidi ; les dents sont serrées, il ne voit pas, ne parle pas, ne sent pas ; la sensibilité cornéenne a disparu, les réflexes sont abolis. Le pouls est petit, lent, les battements cardiaques sont sourds, faibles, très ralentis.

La respiration est superficielle, inégale, irrégulière : 14 inspirations par minute. On essaie par les moyens habituels de le sortir de cet état de torpeur, d'engourdissement général ; le chatouillement de la luette ne donne aucun résultat, d'ailleurs depuis que le laudanum a été absorbé, la circulation s'en est déjà emparée.

Le Dʳ Capitan court au plus pressé.

Prescription : Il fait donner au malade 5 centigr. de sulfate de spartéine pour relever les forces du cœur et me charge d'agir sur la respiration par les *vapeurs pyridiques.*

Après deux minutes d'inhalations, l'empoisonné réagit si je le pince ; si je lui demande son nom, il me dit qu'il s'appelle Manuel ; je lui commande de boire, il obéit à la grande surprise des personnes qui lui avaient donné des soins sans pouvoir rien en obtenir. Le cœur semble se relever, mais le grand changement porte sur la respiration, elle est devenue profonde, régulière, presque normale; le nombre des inspirations est de 17.

M. le Dr Capitan constate l'heureux résultat obtenu par son traitement. Toutes les cinq minutes, on invite le malade a boire du café, il obéit; il fait même remarquer qu'il est trop chaud; à 10 heures 10 minutes, le chef de clinique revient s'assurer de l'état du malade, il le trouve très amélioré; le pouls s'est notablement relevé: 65 pulsations; la respiration va bien, elle est régulière, ample: 18 inspirations; on peut croire à une heureuse issue.

Le garçon de la salle me remplace pour lui faire une friction générale, sèche et énergique; à 11 heures 10 minutes la respiration s'arrête; on va chercher M. Capitan qui était allé faire la consultation, c'était trop tard, l'empoisonné venait d'expirer.

Réflexions. — Cette observation nous montre la puissance respiratoire que possèdent les *vapeurs pyridiques*, puissance qui m'a été signalée bon nombre de fois et dans diverses circonstances : une femme tuberculeuse, enceinte de 7 mois, atteinte de dyspnée paroxystique, reprochait à la pyridine de l'obliger à faire de trop fortes inspirations, et par suite de refouler trop énergiquement, l'utérus gravide (salle Sainte-Jeanne, lit n° 22). Les douleurs abdominales qui en résultaient firent abandonner les inhalations.

Nous avons chloroformé, avec le concours de M. Pignol, interne du service, des cobayes jusqu'à disparition des mouvements respiratoires ; sous l'influence des vapeurs pyridiques ou collidiques, ils revenaient peu à peu à la vie. Peut-être pourrait-on utiliser cette action de ces substances chez les chloroformés dont la respiration s'arrête pendant l'opération.

OBSERVATION XXV (recueillie par le Dr Capitan, chef de clinique).

Asthme cardiaque. Artério-sclérose. Hypertrophie cardiaque. Rétrécissement aortique.

Lebert, 69 ans, mécanicien, entre à l'Hôtel-Dieu en juin 1885, salle Saint-Joseph, lit 11. Malade seulement depuis un an et surtout depuis cinq semaines. Dyspnée extrême, constante, exagérée par le moindre effort. Râles sibilants et sous-crépitants dans les deux poumons. Pointe du cœur dans le sixième espace. Souffle systolique au niveau du deuxième espace intercostal droit, descendant le long de l'aorte. Pouls petits, irréguliers, mais synchrones. OEdème malléolaire. Traces d'albumine. Peu d'expectoration.

Dès la première journée, *deux séances d'inhalations de vapeurs pyridiques*, la dyspnée cesse complètement, la nuit est bonne, et le lendemain matin les râles ont complètement disparu des poumons.

Prescription: 20 centigr. *de macération de feuilles de digitale; deux séances d'inhalation. La dyspnée ne reparaît pas, il urine davantage; au bout de six jours l'œdème avait disparu; les poumons ne présentaient plus de râles; le malade respirait facilement, pouvait se lever, marcher, avait recouvré l'appétit.*

Dandieu.

8

Observation XXVI (recueillie par M. le Dr Capitan).

Asthme cardiaque. Insuffisance aortique.
Endocardite végétante des valvules sigmoïdes exclusivement.

Nicolas, boulanger, 35 ans, entre à l'Hôtel-Dieu, salle Saint-Joseph, lit 3. Oppression depuis un an, augmentation depuis sept semaines. Râles sous-crépitants dans les deux poumons, dyspnée permanente, double souffle à la base; pouls de Corrigan, mais synchrones. Cœur hypertrophié. Foie augmenté de volume. Expectoration rare.

Traitement : Après deux séances la dyspnée est moindre, l'expectoration plus liquide et les râles ont diminué. Dès le troisième jour, la respiration est plus libre encore et il n'existe *plus de râles* dans les poumons, les nuits sont bonnes. Mais bientôt, le cinquième jour, le malade ne peut plus supporter l'inhalation, la dyspnée redevient ce qu'elle était au début et les râles sont aussi abondants. *Deux nouvelles séances* amènent alors une nouvelle amélioration se traduisant par une respiration bien plus aisée et la disparition presque complète des râles. Comme les séances prolongées lui procuraient des vertiges, il ne respire les *vapeurs pyridiques* qu'une fois par jour et pendant quinze minutes; il s'en trouve très bien, l'amélioration de la respiration persiste, les râles sont bien diminués; après dix jours de ce traitement, il pouvait marcher, sans être trop gêné de la respiration.

Observation XXVII (personnelle).

Insuffisance aortique et insuffisance mitrale. Asthme cardiaque.

L... (François), 21 ans, marchand forain, entre à l'Hôtel-Dieu, salle Saint-Christophe, lit 24, le 23 mars 1886.

A eu une attaque de rhumatisme généralisé à l'âge de 16 ans environ et qui nécessita l'application de ventouses scarifiées à la région précordiale.

Depuis cette époque il se plaint de palpitations, d'oppression s'il fait un travail un peu pénible. Au mois d'août 1885, il se sent plus court d'haleine et le soir ses chevilles sont enflées ; un mois de repos au lit sans traitement le remet sur pied.

Au mois de décembre 1885, il entre à l'hôpital Tenon, parce que ses jambes sont enflées, qu'il a beaucoup d'oppression ; il en sort le 2 mars pour indiscriple, il se trouvait d'ailleurs beaucoup mieux ; cette amélioration fut courte, au bout de quinze jours l'œdème reparut.

Etat à l'entrée. — Perte de l'appétit, œdème des jambes, ascite, stase pulmonaire, battements cardiaques désordonnés, pouls petit, irrégulier. Urines rares : 400 cc., elles sont un peu albumineuses.

Prescription: 10 *centigr. de spartéine;* 15 *centigr. de macération de feuilles de digitale.*

Le 26 mars. Les contractions cardiaques sont plus fortes, moins irrégulières ; à l'auscultation, on trouve un double souffle mitral et aortique.

Le pouls est plus fort, perd son irrégularité : l'urine augmente : 800 cc.; l'œdème diminue lentement, mais la respiration est toujours très courte, la dyspnée devient grande s'il fait le moindre mouvement ; l'oppression survient même sans cause connue. On lui conseille de respirer des *vapeurs pyridiques;* mais l'odeur lui déplaît, il ne veut pas se soumettre à ce traitement, on lui donne du *sirop d'éther* qui ne le soulage pas.

Le 27. Peu d'amélioration. Même prescription.

Le 28, à 10 heures. L'oppression est devenue très grande depuis moins de quinze minutes. La respiration est superficielle, le malade assis sur son lit, cyanosé, ne peut parler. Le nombre des inspirations est de 45.

Je lui fais respirer un *peu de pyridine*, il eut d'abord un mouvement de recul, mais grâce à la grande volatilité de ce médicament, il respirait déjà des *vapeurs pyridiques;* s'en trouvant bien, il me fit signe d'approcher *la pyridine* et s'empara du flacon pour le respirer; au bout de 10 *minutes d'inhalation* la respiration était devenue bien plus facile et plus ample, le nombre était tombé à 27. Le reste de la journée et la nuit se passèrent sans nouvel accès de dyspnée.

Le 29, 9 heures du matin. L'ascite et l'œdème diminuent; l'urine augmente: 1 litre 1/4; le pouls est régulier, nombre de pulsations: 70. La respiration est plus facile, plus ample.

Prescription: 10 *centigr. de spartéine; suppression de la digitale.*

Le 31. L'amélioration se continue.

7 avril : l'œdème augmente; les urines deviennent rares.

Prescription: 5 centigr. de spartéine; 20 centigr. de digitale.

Le 7 avril, 4 heures du soir. La dyspnée a subitement reparu depuis trois heures et demie, le malade assis sur son lit étouffe littéralement.

Prescription: Je lui fais respirer des vapeurs pyridiques. La respiration devient beaucoup plus libre, plus profonde; après quelques minutes le malade peut parler, se remuer, il se trouve très amélioré.

Aujourd'hui 10 juin, on peut voir un flacon de pyridine au chevet du malade; il ne veut plus s'en séparer et manifeste sa mauvaise humeur lorsque par nécessité on emprunte *sa pyridine* pour soulager ses voisins; il craint toujours d'en manquer au moment d'un accès de dyspnée.

Observation XXVIII (personnelle).

*Asthme cardiaque ; insuffisance aortique ; dégénérescence
du myocarde ; asystolie.*

M... (Victor), scieur à la mécanique, entre à l'hôpital, le
15 Mars 1886, à l'Hôtel-Dieu, Salle Saint-Christophe, n° 9. Père
mort à 72 ans ; mère à 68 ans ; pas de syphilis, pas de signes
d'alcoolisme, fièvre typhoïde à 17 ans, pas de rhumatisme. Se
plaint de palpitations, depuis plus de 2 ans, qui paraissent
quand il fait le moindre effort.

Le 20 juin 1884, 11 h. du soir, il est pris d'une violente oppression. « *Je suffoquais, je croyais mourir*, dit le malade ; à
partir de cette époque, je n'ai plus travaillé. »

Un mois après, la dyspnée était permanente avec exacerba-
tions. Son médecin lui faisait prendre dix fois par jour, sur
un morceau de sucre, *trois gouttes d'éther ;* il se trouvait soulagé pendant *dix minutes.*

Le 15 août 1885, il entre à l'hôpital Necker ; on lui dit qu'il
a une dilatation de l'aorte, il en sort un mois après, à la suite
d'une discussion avec la surveillante de la salle.

Le 15 mars 1886, il entre à l'Hôtel-Dieu, pour oppression
continuelle.

Poumons. — Léger emphysème ; respiration peu pénétrante ;
râles humides aux deux bases.

Cœur. — Souffle d'insuffisance aortique ; arythmie, augmentation de volume notable.

Foie abaissé, un peu volumineux.

Urines peu abondantes ; 700 grammes par jour, troubles.
Notable quantité d'albumine ; léger œdème des jambes ; ascite ;
inappétence ; insomnie ; dyspnée.

— 118 —

Prescription : 10 *centigrammes de sulfate de spartéine.*

Le 20. L'étouffement est à son paroxysme, bien que les battements soient régularisés et plus nets, l'œdème et l'ascite n'ont pas augmenté.

Prescription : 30 centigrammes de macération de feuilles de digitale; suppression du sulfate de spartéine.

4 h. du soir. L'oppression est encore très grande. M. le Dr Capitan, chef de clinique, lui fait respirer une compresse *imbibée de pyridine.*

Le malade se trouve aussitôt très soulagé; la respiration qui était superficielle, très fréquente et irrégulière, devient moins rapide, profonde et réglée. « *Je sens que ça me donne du vent, dit le malade.* »

Il a gardé sa *compresse, fixée à sa chemise pendant quatre nuits,* il avait essayé de s'en passer, mais l'essai ne lui réussit pas.

La digitale fut continuée jusqu'au 24; l'œdème, l'ascite avaient disparu. *Plus de dyspnée. Il n'a jamais été indisposé par la pyridine.*

Le malade allait bien et avait demandé à partir pour Vincennes, lorsque le 20 avril à 6 h. du soir, l'oppression devient considérable; la parole est devenue difficile. Nombre des respirations avant les inhalations 42, après 22. Je lui fais respirer pendant huit minutes des *vapeurs pyridiques,* la dyspnée s'atténue bien vite; au bout d'un quart d'heure l'oppression est complètement disparue; le lendemain matin, le malade me dit que la nuit a été bonne. Le vendredi 30, il partit pour Vincennes.

Réflexions. — M. le professeur Marey dit (1) que le poumon est d'autant plus facilement traversé par le

(1) Comptes rendus de l'Académie des Sciences, 19 juillet 1880.

sang que l'inspiration le déploie davantage et en ouvre
plus le système vasculaire ; Conheim observe avec raison que les mouvements respiratoires normaux, surtout amples, favorisent la circulation pulmonaire. M. le
professeur Sée avance et soutient *cette même proposition*. Ce fait nous permet d'expliquer facilement l'action
favorable des inhalations pyridiques ou collidiques dans
ces cas d'asthme cardiaque où la dyspnée résulte à la
fois d'un trouble d'innervation bulbaire et de la stase
circulatoire pulmonaire ; la physiologie et tous nos
tracés pneumographiques nous apprennent, en effet,
que ces bases augmentent l'amplitude de l'inspiration ;
elles combattent ou empêchent donc la stase sanguine des
poumons et agrandissent par cela même la surface pulmonaire active ; l'hématose se faisant sur une plus
grande surface, il doit en résulter une diminution dans
le nombre des respirations ; ainsi s'explique l'action de
ces bases. Faisons remarquer en même temps que les
inhalations agissent non seulement d'une façon efficace
sur la fonction respiratoire, mais qu'indirectement elles
étendent leur action bienfaisante jusque sur le muscle
cardiaque, surtout sur le cœur droit, toujours surmené
dans les affections pulmonaires.

OBSERVATION XXIX (personnelle).

*Asthme cardiaque; asystolie; pas de lésions valvulaires; cœur
forcé; respiration de Cheyne-Stokes.*

F... (François), 42 ans, garçon de restaurant, entre à l'hôpital le 3 mai 1886, à l'Hôtel-Dieu, Salle St-Christophe, n° 4.

Métier fatigant, qui l'oblige à rester debout, de 7 h. du matin à 11 h. du soir ; peu de sommeil, présente des signes d'alcoolisme, boit plus de quatre litres de vin par jour, bonne santé antérieure, pas de rhumatisme. Depuis quelque temps déjà, il éprouvait des palpitations quand il montait un escalier ou quand il faisait des efforts. Pas d'œdème des membres inférieurs, pas de gêne de la respiration.

Jusqu'au 24 décembre 1885, dit le malade, il n'avait pas fait deux heures de maladie, lorsqu'à cette époque il se refroidit, tousse et prend le lit ; le 15 janvier ses jambes enflent, son médecin lui donne de la digitale qui fait disparaître l'œdème. Vers le milieu de février, se sentant bien, il va à Puteaux, prend froid, tousse de nouveau, ses chevilles enflent, la digitale le soulage, mais ne le guérit pas, il ne quitte sa chambre que pour venir à l'Hôtel-Dieu.

Etat à l'entrée. — A son arrivé la dyspnée est très intense, il ne peut marcher sans étouffer ; la nuit, il a des accès encore plus prononcés que le jour, il a de l'œdème des jambes.

Poumons. — Léger emphysème, respiration peu pénétrante, l'expiration n'est pas prolongée comme dans l'asthme vrai ; râles fins et humides aux deux bases.

Cœur. — Arythmie, palpitations, augmentation de volume très nette ; pas de souffle, pouls petit, fréquent, irrégulier ; intermittences très manifestes.

Foie très volumineux, il mesure 25 centimètres, douloureux.

Urines peu abondantes, 700 centimètres cubes par jour, troubles, peu albumineuses ; inappétence, insomnie, céphalalgie, bourdonnements d'oreilles.

Prescription : 20 *centigrammes de macération de feuilles de digitale, 0,05 centigrammes de sulfate de spartéine, lait, potages.*

Le 5 mai, 9 h. du matin. L'oppression est toujours considérable, le malade tousse beaucoup, l'insomnie persiste; quantité d'urine, 900 grammes, les urines sont plus claires : *même traitement.*

5 h. du soir. La dyspnée est intense, l'oppression excessive, le malade ne peut parler que par signes, il croit qu'il va mourir. Nombre des respirations : 39.

Traitement : je lui fais respirer des vapeurs pyridiques, pendant huit minutes; nombre des respirations : 22. L'inspiration, qui était superficielle, est devenue ample, profonde, le malade éprouve un véritable bien-être, il devient gai, me parle sans peine, sans difficulté. A 7 h. du soir le nombre des respirations est encore de 22, le malade est en conversation avec son voisin.

Le 6. Il a goûté plus de repos que les nuits précédentes, l'oppression a diminué, mais les battements du cœur ne sont pas encore bien régularisés, le pouls, moins irrégulier, est toujours petit, le foie diminue peu, les chevilles sont légèrement enflées. Un litre d'urine rouge, non albumineuse.

Prescription : 20 centigrammes de feuilles de digitale, 10 centigrammes de sulfate de spartéine.

Le 8, 4 h. du soir. L'oppression augmente; à 4 h. 20 m., elle est très vive; cet accès de dyspnée ressemble en tout point à celui du 5 mai. Impossibilité de faire un mouvement, de parler.

Nombre des respirations : 38; le Dr Capitan me charge de lui faire respirer des *vapeurs pyridiques*, après trois minutes le nombre des respirations est de 22. Le malade est soulagé jusqu'au lendemain matin.

Le 9, 10 h. L'état du malade est amélioré, l'oppression a diminué. Le cœur est régulier ainsi que le pouls; quelques râles humides aux deux bases.

Le foie a légèrement diminué de volume, 20 cent.; l'urine

est plus abondante, un litre et demi. Très peu d'œdème mal-léolaire. L'appétit revient.

Prescription: *Suppression de la digitale*; 10 *centigrammes de sulfate de spartéine.*

Le 13. On a continué le traitement. L'amélioration continue; le cœur bat régulièrement; plus d'intermittences. La dyspnée est beaucoup moins intense. Il subsiste encore quelques râles humides aux bases.

La quantité d'urine se maintient entre un et deux litres, sans trace d'albumine.

Le 16. L'inappétence a reparu. Le malade se trouve plus faible; les râles sont plus abondants et la toux plus fréquente; l'oppression a augmenté; les battements du cœur sont de-venus irréguliers et sourds; le pouls a perdu de sa force; l'urine diminue, 900 grammes, pas d'albumine. L'œdème des jambes a augmenté.

Prescription : 20 *centigrammes de digitale;* 10 *centigrammes de sulfate de spartéine, un litre de lait.*

Le 17, 3 h. du soir. Les battements du cœur sont irréguliers; l'œdème a envahi les cuisses; l'urine a diminué, mais ne pré-sente pas trace d'albumine; le malade en proie à une oppres-sion intense, ne peut remuer, ne peut parler, croit qu'il va succomber. Respiration type de *Cheyne-Stokes* (voir tracé n° 12 avant traitement).

Prescription : *Je lui fais respirer des vapeurs pyridiques, pen-dant quinze minutes.*

Les respirations sont beaucoup plus profondes, le nombre en est augmenté. (Voir tracé n° 13, après traitement.)

Le malade se trouve très soulagé; l'angoisse respiratoire est très atténuée.

4 h. du soir. Le trouble respiratoire de *Cheyne-Stokes* n'existe plus.

Le 18. Etat peu modifié. Même prescription.

Le 20, 6 h. du soir. L'oppression est considérablement accrue ; la respiration de *Cheyne-Stokes* se montre.

Prescription : Inhalations d'air pyridiné pendant dix minutes.

L'oppression est très diminuée, le malade très soulagé s'endort à 6 h. 40 m.

Le 21, 10 h. du matin. Le cœur a ses battements moins irréguliers ; le pouls prend de la force, se ralentit ; l'urine augmente, un litre et demi.

Prescription : Suppression de la digitale ; 10 centigrammes de sulfate de spartéine.

A partir de ce jour l'amélioration va en augmentant ; le 28 mai, le malade se sentant très soulagé quitte l'hôpital.

Réflexions. — Cette observation nous paraît intéressante à plusieurs titres. Ce malade, qui se fatiguait beaucoup et faisait des excès alcooliques, présentait l'ensemble symptomatique du *cœur forcé.* Le cœur forcé a été observé par Peacok, Clifford Allbut chez des ouvriers dont la profession nécessite un grand déploiement de forces, par Biermer chez les bûcherons de Tubingue, par Thurn, Fræntzel, Myers, Dacosta chez les soldats surmenés. La symptomatologie est la suivante : matité cardiaque exagérée, palpitations, pas de lésions valvulaires, pouls fréquent irrégulier ; dyspnée continue et paroxystique sous la forme d'accès d'asthme, quelquefois de phénomène de Cheynes-Stokes. Grâce au haut enseignement du professeur G. Sée, qui insiste avec tant de raison sur les dégénérescences myocardiques que bon

(1) Voir Traité des maladies simples du poumon, 1886, par G. Sée.

nombre de cliniciens distingués oublient de signaler si souvent, le diagnostic nous en fut relativement facile. Nous ne pouvions penser à l'asthme proprement dit ; la fréquence des palpitations, comme l'indique notre éminent maître dans son beau travail sur les *Causes et le traitement de l'obésité*, nous fit rejeter l'hypothèse du cœur gras. Enfin, vu l'âge du malade, nous ne pouvions songer à l'hypertrophie cardiaque de croissance que M. G. Sée a signalée. (*Séance de l'Institut, 21 janvier 1885.*)

Ce malade dont la respiration présentait de temps en temps le type de Cheynes-Stokes, sans albumine dans les urines, fut amélioré sensiblement par *les inhalations de pyridine*. Non seulement les signes subjectifs observés par le malade nous renseignaient, mais on pouvait vérifier l'amélioration *de visu* par les tracés respiratoires. Selon nous, cette amélioration doit être rapportée à la vaso-dilatation des capillaires du bulbe, à la suite d'*inhalations pyridiques*.

OBSERVATION XXX (personnelle).

Insuffisance aortique. Angine de poitrine.

L...., menuisier, 55 ans, entré le 10 mars 1886 à l'Hôtel-Dieu, salle Saint-Christophe, lit n° 5.

Pas d'antécédents héréditaires.

Pas de syphilis. Pas de signes d'alcoolisme.

De 46 à 51 ans a des douleurs rhumatoïdes qui ne l'ont jamais obligé à garder le lit. Les douleurs précordiales et les vertiges paraissent à 52 ans ; six mois plus tard, les jambes enflent ; au bout de quinze jours de soins et de repos, il peut reprendre ses occupations, mais il est souvent ennuyé par des vertiges et des douleurs sous-sternales, dont l'intensité va croissant. Les vents du nord surtout le fatiguent.

En janvier 1886, il entre à l'hôpital Andral pour vertiges, douleurs cardiaques, et surtout oppression. On lui donne du *bromure de potassium* qui ne le soulage pas ; il part pour Vincennes ; là, les douleurs deviennent insupportables ; on lui fait par jour trois piqûres de *morphine* et on lui donne du *sirop d'éther* qui rend la respiration un peu plus facile, car il est oppressé.

Comme l'état général s'aggrave, que l'oppression augmente, que les douleurs poignantes de la région du cœur, qui s'irradient depuis un mois au cou et au bras gauche, paraissent jour et nuit, le malade demande à aller à l'Hôtel-Dieu.

État à l'entrée. — 11 mars 1886. Teint blafard d'un anémique ; palpitations, douleur angoissante, caractéristique de l'angor pectoris.

Cœur et pouls. — La matité précordiale est plus étendue, la pointe du cœur bat dans le sixième espace intercostal ; le pouls est bondissant (Corrigan) et défaillant (Stokes). Au niveau du deuxième espace intercostal droit, on entend un souffle diastolique ; le stéthoscope appliqué sur l'artère crurale (Durosiez) décèle un double souffle crural.

Il n'existe ni congestions, ni œdèmes ; l'urine est normale en quantité et qualité,

Traitement : 10 *cent. de sulfate de spartéine et inhalations d'air pyridiné trois fois par jour, chaque fois pendant un quart d'heure : à sept heures du matin, à trois heures et à sept heures du soir.*

Si la dyspnée ou les douleurs d'angor pectoris surviennent

néanmoins la nuit, le malade les combattra par une séance supplémentaire de vapeurs *pyridiques*.

A partir de ce jour, plus d'oppression ; les accès douloureux vont chaque jour en diminuant de nombre et d'intensité ; les nuits sont bonnes.

Le 17. Les douleurs d'*angor pectoris* ne paraissent plus.

Le 25. *Suppression des séances d'inhalations pyridiques.*

2 avril, à 10 h. 10 m. du matin, le malade, à la suite d'une contrariété, est pris d'un fort accès d'angine de poitrine ; il est assis sur son lit, immobile, pâle, craignant la mort.

Prescriptions : Inhalations de vapeurs pyridiques ; il éprouve immédiatement un grand soulagement ; il peut nous parler.

10 h. 25 m. Il n'est plus souffrant ; il est redevenu gai.

A partir de ce jour, *M. le professeur G. Sée le remet de nouveau aux inhalations d'air pyridiné ; trois séances d'un quart d'heure.*

Le 3 à 10 h. du matin. Le malade dit que depuis plus de huit jours il n'avait aussi bien reposé ; il ajoute qu'un quart d'heure après la séance d'inhalations de 7 heures du soir, le sommeil est venu, il ne s'est éveillé qu'à 2 heures du matin et pendant une dizaine de minutes pour se rendormir jusqu'à 4 heures et demie du matin, moment de la ronde, tandis que les nuits précédentes, il s'éveillait à chaque instant ; en un mot, la nuit a été très bonne.

Le 13. Journée et nuit bonnes : ni oppression, ni palpitations, ni douleur précordiale.

Le 15. Le malade nous dit que depuis que le professeur G. Sée l'a remis à la *pyridine*, c'est-à-dire depuis le 2 avril, les douleurs angoissantes n'ont pas reparu.

Le 18. Le même état d'amélioration se conserve.

Le 24. Les douleurs d'angine de poitrine ont apparu la nuit dernière vers minuit ; elles duraient depuis 10 minutes, lorsque le malade, respirant des *vapeurs pyridiques*, les a vues disparaître et s'est endormi jusqu'à six heures du matin.

15 mai. Le malade part pour Vincennes débarrassé des *douleurs d'angor pectoris*, grâce à la *pyridine* qu'il respire tous les jours et qui *ne l'a jamais indisposé*. Depuis le 24 avril, il prend chaque jour deux grammes d'iodure de potassium.

OBSERVATION **XXXI** (personnelle).

Insuffisance aortique; dégénérescence du myocarde; angine de poitrine.

G.., (Marie), 22 ans, concierge, entre le 16 mars 1886, salle Sainte-Jeanne, n° 8, Hôtel-Dieu.

Père mort subitement, mère en bonne santé, frère qui a des palpitations.

Réglée à 15 ans. Fièvre typhoïde qui, d'après le medecin de la famille, a atteint le cœur à 14 ans; six mois plus tard, attaque de rhumatisme articulaire aigu généralisé, qui a duré quatre mois, et pour laquelle elle entre à Tenon.

Au sortir de l'hôpital, la malade est très faible, la moindre fatigue l'oppresse, elle ne peut monter les escaliers; ses jambes enflent facilement.

Elle a, dans le courant de l'année, deux attaques d'*angor pectoris* (il me semblait, dit-elle, qu'on me tordait le cœur).

Depuis cette époque, c'est-à-dire l'âge de 16 ans, les douleurs d'*angine de poitrine* ne reparaissent pas, mais l'oppression, les vertiges, la moindre émotion les procure.

Au mois de décembre 1885, à la suite d'une contrariété, elle est prise subitement d'une douleur précordiale très vive qui s'irradie dans le bras gauche suivant le trajet du nerf cubital et qui dure une demi-heure. Les mois de janvier et février 1886 se passent sans accès, mais les jambes sont légèrement œdématiées.

Le 6 mars 1886, à 7 heures du soir, à la suite d'une grande contrariété, elle est prise d'étouffement ; dix minutes plus tard, commencent les douleurs d'*angine de poitrine.*

Pendant onze jours, vers la même heure, la malade a un pareil accès, ce que voyant, elle entre à l'Hôtel-Dieu.

6 avril, à 4 h. du soir. Elle est prise d'une douleur sous-sternale violente et contrictive avec irradiations vers le bras gauche ; elle a une vive anxiété, son visage exprime l'effroi ; ses extrémités sont pâles et refroidies ; assise sur sont lit, immobile, elle croit qu'elle va mourir.

Prescriptions. — *Le Dr Capitan lui fait une piqûre de morphine;* après l'injection morphinée, l'état de la malade est toujours *le même.*

Le Dr Capitan lui fait alors respirer des vapeurs pyridiques; à peine a-t-elle fait quelques inhalations qu'elle se trouve aussitôt soulagée. « *Cela me donne du vent, dit-elle, je respire bien mieux, le poids qui m'écrasait a beaucoup diminué* ».

A 4 heures et quart, elle parlait librement, toute anxiété était disparue.

7 avril. Bonne nuit. Sommeil procuré avec deux grammes de chloral.

Le 10, à 7 h. du soir. Elle est prise d'un accès *terrible d'angine de poitrine;* la malade n'était sortie qu'une heure sur la terrasse, à 6 heures, et ne s'était pas fatiguée, n'avait pas été contrariée. Depuis deux jours, se sentant mieux, elle avait cédé son flacon de *pyridine* à une voisine.

Après cinq minutes de *douleur poignante,* d'angoisse, elle fait signe de lui apporter de la pyridine ; elle en respire ; elle en éprouve un soulagement immédiat. L'accès, très atténué, ne dura plus que dix minutes, après quoi la malade s'assoupit jusqu'à 8 heures du soir ; 2 grammes de chloral administrés à 9 heures, la firent reposer jusqu'à 5 heures du matin.

Le 12, à 4 heures trois quarts. Apparition d'un nouvel accès d'angor pectoris.

Traitement : *inhalations de vapeurs pyridiques*. La douleur poignante, l'angoisse sont aussitôt très atténuées ; à 5 heures, la malade est gaie. Depuis le 13 avril, elle est soumise, matin et soir, pendant quinze minutes, à une atmosphère de vapeurs pyridiques et, depuis cette époque, elle n'a plus d'accès angineux.

Le 28. Elle demande à sortir de l'hôpital, puisquè ses accès semblent calmés.

Avant de partir, elle demande un peu de pyridine, ajoutant que c'est le *seul médicament* qui la soulage, qui lui *donne du vent*.

Les piqûres de *morphine* que son médecin lui faisait chez ses parents ne lui donnaient de soulagement que dix minutes après l'injection.

Réflexions. — Heberden, Fothergill, Jenner, Parry avaient établi vaguement la corrélation entre l'angine de poitrine et l'oblitération des vaisseaux coronaires ; Ogle la prouva par treize autopsies sur dix-neuf cas.

Cette doctrine et ces faits étaient à peine mentionnés et vivement disputés par les nervistes, lorsque le professeur Sée tenta d'établir, en 1875 (*Journal des connaissances médicales*), que les accès d'*angor pectoris* étaient dus au rétrécissement ou à l'obstruction des artères coronaires. En 1880 (voir *Traité des maladies du*

Dandieu.

cœur) il exposa et soutint la doctrine de l'ischémie cardiaque ; enfin, en 1881, il entreprit avec le regretté Bochefontaine et un de ses élèves, Roussy, une série d'expériences pour prouver que, sous l'influence de l'anémie artificielle du cœur, due à l'oblitération partielle des vaisseaux coronaires, les contractions rhythmiques du ventricule gauche se ralentissent, deviennent trémulantes et cessent brusquement, faits que l'on constate dans l'*angor pectoris* et qui prouvent l'exactitude de la doctrine de l'ischémie cardiaque ; on voit, par ce qui précède, combien le professeur Sée a contribué à faire connaître la nature intime de l'angine de poitrine. Les deux observations précédentes montrent qu'il n'en a pas négligé la thérapeutique.

Que fait-on, en effet, encore aujourd'hui, en présence d'un malade en proie à un accès d'angine de poitrine ?

1° On a recours à la morphine injectée qui calme les douleurs, agit promptement sur la circulation, facilite la respiration, mais présente le grave inconvénient d'exposer à la morphiomanie.

2° On fait respirer du nitrite d'amyle, mais ce médicament détermine souvent une syncope grave, il produit la dilatation des vaisseaux, faible partie de l'indication et non la sédation, indication immédiate.

3° On administre la nitro-glycérine, mais elle présente de grands dangers ; la toxicité de cette substance a été reconnue à l'Académie des sciences en 1865 et en 1876.

Dans son livre sur les *Maladies simples du poumon*,

M. le professeur Sée indiquait la pyridine aspirée comme moyen d'action urgente. Aujourd'hui l'expérience est faite ; nos observations à la clinique de l'Hôtel-Dieu et celles que notre savant maître a pu recueillir dans sa clientèle le prouvent d'une façon indubitable ; ajoutons, en nous appuyant sur des faits parfaitement observés, que la *pyridine* ne constitue pas seulement le traitement de l'accès, mais que des *inhalations* de cette substance, pratiquées un quart d'heure, matin et soir, sont un véritable traitement préventif contre le retour des accès d'*angor pectoris*.

En résumé :

La pyridine constitue un précieux médicament contre l'angor pectoris ; elle n'offre aucun inconvénient de la morphine ; elle agit plus promptement, propriété si précieuse dans ces moments d'angoisse ; d'ailleurs, elle n'est nullement dangereuse à manier, avantage que n'offre ni le nitrite d'amyle, ni la trinitrine.

VII. — CONCLUSIONS

I. — L'expérimentation physiologique et l'observation clinique s'accordent pour démontrer que la *pyridine* ou la *collidine* :

1° Dilatent les vaisseaux périphériques.

2° Diminuent le pouvoir excito-moteur du bulbe et de la moelle.

3° Agissent sur la fonction respiratoire :

Elles diminuent le nombre exagéré des respirations ;

Elles en augmentent l'amplitude, elles en régularisent le rhythme troublé.

II. — Ces deux bases s'administrent en inhalations (1).

III. — Quant aux indications thérapeutiques, nous les résumerons ainsi, avec notre savant maître.

1° « La *pyridine* ou la *collidine* sont indiquées dans les *accès d'angine* de poitrine ; elles constituent dans ce cas un précieux moyen d'action immédiate et en outre un moyen préventif des attaques. »

2° « Elles sont indiquées quelle que soit la forme de l'asthme, qu'il soit nerveux, emphysémateux ou catarrhal, que l'asthme soit primordial ou d'origine gout-

(1) Voir Thérapeutique, page 52.

teuse ou dartreuse. Ces substances sont supérieures à l'injection de morphine ; leur action est plus durable et bien plus inoffensive ; elles ne sont pas de simples palliatifs à l'instar des fumées nitreuses, mais un véritable moyen de traitement curatif. »

3° « Elles sont indiquées dans l'asthme cardiaque mitral ou aortique, avec ou sans complications rénale ou hydropique. »

4° « Dans l'asthme d'origine albuminiruque. »

5° « Dans l'asthme par gaz toxiques. »

6° « Chez les emphysémateux avec dyspnée paroxystique, chez les bronchectasiques. »

7° « Dans les paroxysmes des dyspnées laryngées ».

8° Enfin elles donnent des résultats surprenants dans l'asthme tuberculeux, où elles remplacent si avantageusement les injections de morphine.

IV. — « Nous ne connaissons pas de contre-indications à l'administration de ces médicaments. L'absorption est immédiate ; ces substances apparaissent presque aussitôt dans les urines ; elles n'ont pas d'effets cumulatifs. Lorsque les séances d'inhalations durent plus de vingt minutes, les malades éprouvent parfois une tendance invincible au sommeil. Mais il ne se produit ni paralysies, ni convulsions, ni même de tremblements ; leur action ne saurait donc être comparée à celle du chloroforme ou de l'éther ».

LÉGENDES DES TRACÉS.

EXPÉRIENCE I. — *Chien bouledogue très vigoureux*, 23 kilogs. La carotide droite mise à nu, est préparée pour être mise en communication par le bout central et le bout périphérique avec l'hémodynamomètre double de Franck.

Tracé A. — Le premier tiers du tracé donne les oscillations normales; le deuxième tiers, pendant et immédiatement après l'inhalation ; le troisième tiers est pris après une inhalation de cinq minutes de durée. (V. expér. I, p. 36.)

Tracé B. — Le commencement du tracé correspond à une période de l'inhalation interrompue pendant dix minutes ; la suite à une nouvelle séance d'inhalation.

Ces tracés montrent l'amplitude plus considérable des oscillations se produisant à la fois du côté des bouts central et périphérique de la carotide à la suite d'inhalations et une tendance à la baisse de la pression sanguine, etc.; « ils montrent aussi que le sang continue à circuler dans le système périphérique avec une facilité qui annonce une tendance à la vaso-dilatation des capillaires (Dr Laborde). »

EXPÉRIENCE II. — *Chienne bien portante*, pesant 19 kilogs.

Tracé C. — On voit les grandes oscillations et l'élévation brusque de la pression sanguine à la suite de l'excitation d'un pneumogastrique par le courant 15. Ce même tracé montre les oscillations descendantes, puis la baisse rapide de la pression sanguine à la suite d'une injection lente de 1 cc. 1/2 de solution ou de 3/10 cc. de pyridine pure ou de 25 centigrammes de substance. (V. Expér. II, p. 37.)

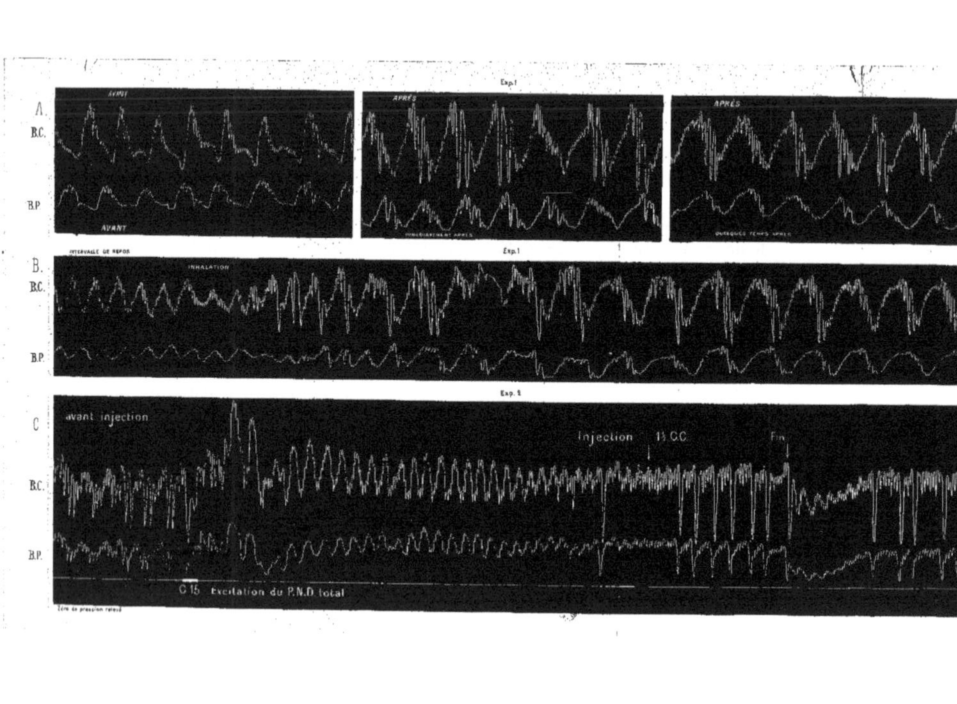

Exp.I
A.
B.C.
B.P.
AVANT
AVANT
APRÈS
IMMÉDIATEMENT APRÈS
APRÈS
QUELQUES TEMPS APRÈS
Exp.I
B.
B.C.
B.P.
INTERVALLE DE REPOS
INHALATION
Exp.I
C
B.C.
B.P.
avant injection
Injection   1½ C.C.
Fin
C 15   Excitation du P.N.D total
Zéro de pression releué

Expérience II (suite). — *Chienne*, poids, 19 kilogs.

Tracé D. — Oscillations ascendantes et descendantes très marquées et diminution du pouvoir excito-moteur du bulbe à la suite d'une injection de 1 cc. de solution ou de 15 centigr. de substance.

Tracé E. — A la suite d'une injection de 2 cc., puis plus tard de 1 cc. 1/2 de solution, on voit encore une baisse de la pression sanguine coïncidant avec une augmentation dans l'amplitude des oscillations manométriques; on voit, en outre, combien l'action de la substance est rapide.

Tracé F. — A la suite d'une injection lente de 4 cc. de solution, on voit encore une diminution de la pression sanguine; un courant 15 a peu d'action sur la pression ; l'animal ne réagit pas.

Tracé G. — Injection de 2 cc. de solution ; les oscillations deviennent plus amples ; on constate une baisse de la pression sanguine ; l'excitation d'un pneumo-gastrique par un courant 15 n'a nulle action ; l'animal n'en éprouve aucun malaise ; il ne réagit pas. L'excitation par le courant 10, plus fort, donne les mêmes résultats négatifs : pas d'élévation de la pression sanguine, pas d'action sur le cœur ni la respiration ; aucune sensation douloureuse. On voit que le pouvoir excito-moteur du bulbe, à la suite d'une injection de pyridine, est bien diminué, comme MM. G. Sée et Bonchefontaine l'ont déjà découvert.

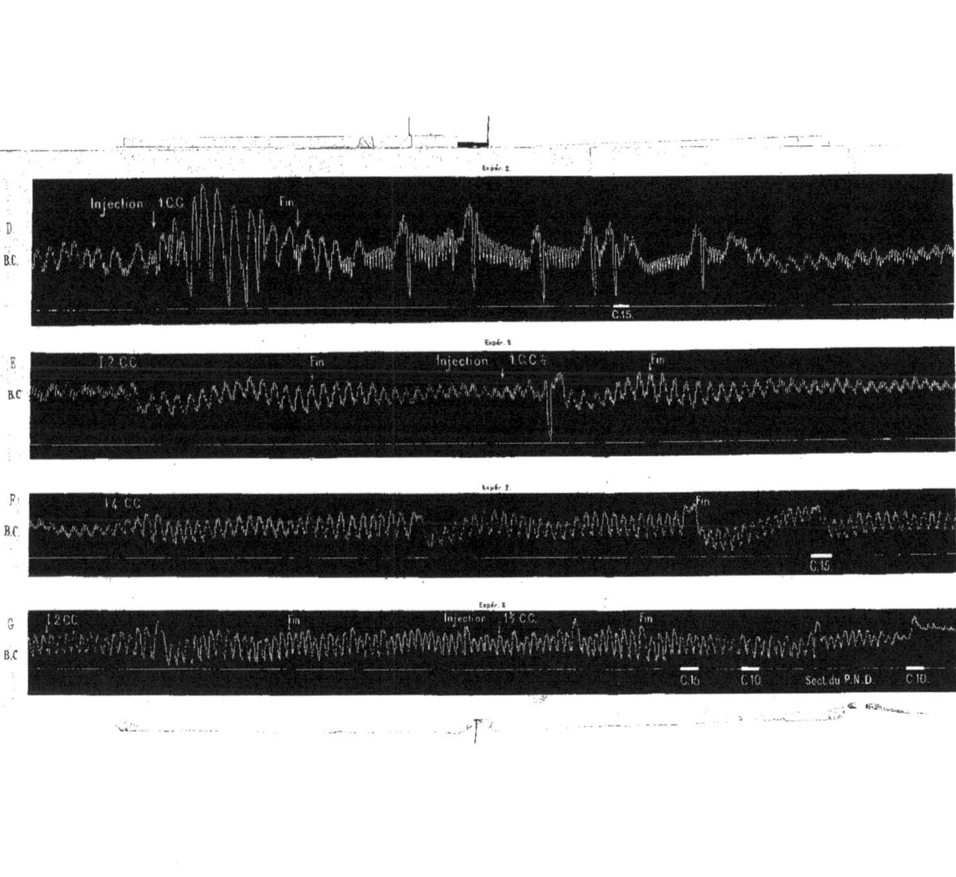

Expér. 2.
D.
B.C.
Injection   1 C.C.
Fin
C.15.
Expér. 2
E.
B.C.
1.2 C.C.
Fin
Injection   1 C.C.½
Fin
Expér. 2
F.
B.C.
1.4 CC
Fin
C.15
Expér. 2
G.
B.C.
1.2 CC
Fin
Injection   1½ C.C.
Fin
C.15
C.10.
Sect. du P.N.D.
C.10.

Observation III. — A... (Victor), puisatier. — *Néphrite mixte ;* bruit
de galop ; accès d'asthme albuminurique, paraissant surtout la nuit ;
maux de tête, léger œdème ; polyurie, 8 grammes d'albumine chaque jour.

Tracé 1. — *Avant le traitement :* respiration irrégulière, superficielle,
assez fréquente. Nombre : 29.

Tracé 2. — *Aussitôt après une séance d'inhalation de pyridine :* la respiration est normale. Nombre 18. *Deux heures après la même séance
d'inhalations :* respiration normale.

L'oppression ne reparait pas de toute la journée.

Observation X. — Moug..., 44 ans, charpentier. — *Asthme alvéolaire.*
Depuis plusieurs jours, l'oppression est permanente. Le diaphragme
est abaissé ; la matité cardiaque n'est pas appréciable ; pas d'œdème.
L'inspiration est pénible, sifflante.

Tracés 3 et 4. — *Avant :* on voit combien l'expiration est prolongée
au lieu d'être représentée par une courbe, elle est constituée graphiquement par une droite presque verticale qui devient ensuite horizontale ; elle forme un angle droit. M. le professeur G. Sée en donne
une explication très nette : « La partie verticale de la courbe indique
qu'au commencement l'expiration est très brusque, la partie horizontale
lente en zigzag montre la lenteur de la fin de l'expiration (1). »

Tracé 5. — *Après une inhalation de dix minutes :* l'expectoration est
plus facile, la respiration devient normale.

Observation XI. — H... (Victor), 34 ans, cartonnier. — *Asthme emphysémateux.* Pas d'antécédents héréditaires. La dyspnée est presque
permanente. Le murmure respiratoire est très atténué, l'inspiration est
molle, l'expiration est prolongée, à peine perceptible. Les bruits du
cœur, sourds, ne paraissent pas soufflés ; pas d'œdème.

Tracé 6. — *Pendant l'accès ;* il est caractéristique de la dyspnée asthmatique.

Tracé 7. — *Après la séance d'inhalations de vapeurs collidiques :* la respiration devient normale ; les phénomènes subjectifs sont parfaitement
d'accord avec la courbe pneumographique ; le malade dit que la collidine le fait cracher : que ce sont précisément ces crachats qui l'é-
touffent. Cette base, ainsi que la pyridine, sont non seulement des
anti-dyspnéiques, mais encore des hypersécréteurs bronchiques,
comme l'a déjà prouvé notre savant Maître ; elles ont donc, au point
de vue thérapeutique, plusieurs points de ressemblance.

(1) Maladies simples du poumon, 1886.

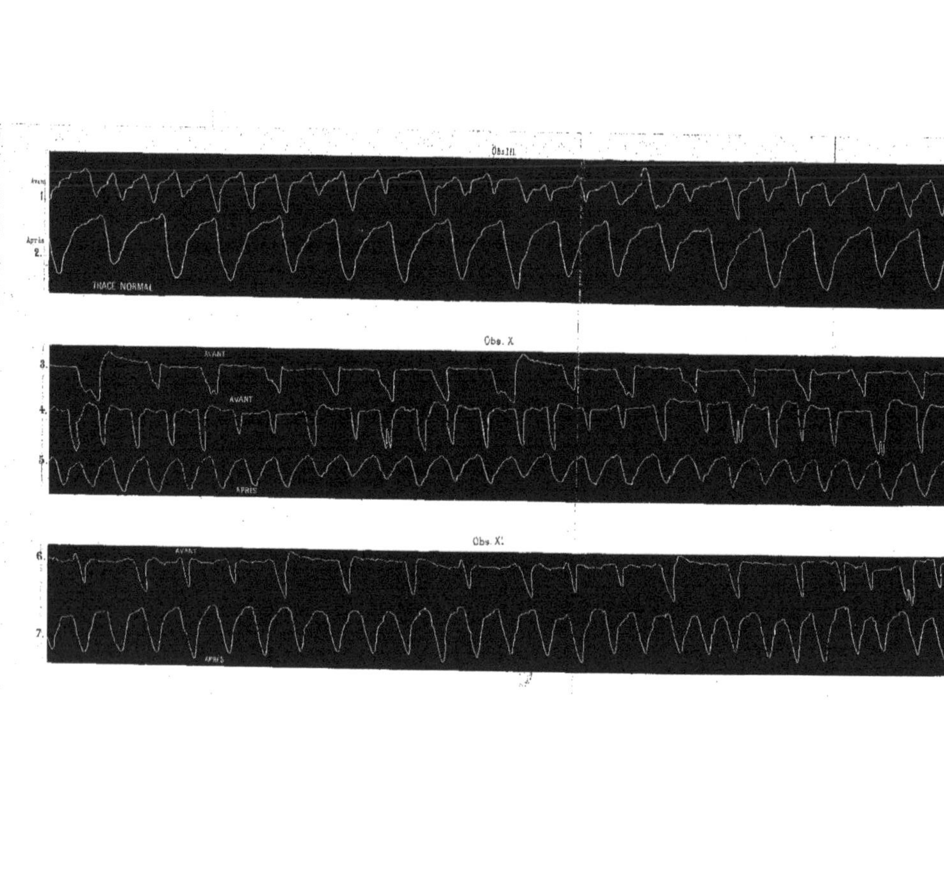

Obs. II.
Avant
1.
Après
2.
TRACE NORMAL
Obs. X.
AVANT
3.
AVANT
4.
5.
APRÈS
Obs. X'.
AVANT
6.
7.
APRÈS

OBSERVATION XII. — B... (P.), brossier, 65 ans. — *Pneumonoconiose ; bronchectasie ; emphysème.* Le malade est assis dans son lit, immobile, évitant tout mouvement ; sa parole est entrecoupée, sifflante. Crachats épais, lourds, fétides.

Tracé 8. — Avant la séance d'inhalations : respiration irrégulière, présentant des pauses.

Tracé 9. — Après une séance de quinze minutes de vapeurs collidiques : la respiration se régularise ; l'expectoration est abondante, mais devient fluide, moins fétide. Amélioration marquée du côté de la respiration qui dure jusqu'au soir.

OBSERVATION XV. — V... (Henri), faïencier, 19 ans. — *Pseudo-asthme tuberculeux :* carie du rocher ; tuberculose pulmonaire et laryngée ; dyspnée paroxystique qui éclate surtout le soir ou la nuit.

Tracé 10. — Avant : orthopnée ; 66 respirations peu profondes.

Tracé 11. — Après une séance d'inhalations de pyridine : le nombre des respirations tombe à 43. Le malade se trouve très soulagé.

Deux heures après : l'amélioration persiste ; le malade nous dit, le lendemain, qu'il a passé une bonne nuit.

OBSERVATION XXIX. — F... (François), 42 ans, garçon de restaurant. — *Asthme cardiaque ; respiration de Cheyne-Stokes ; cœur forcé.*
Cœur dilaté ; arythmie ; palpitations ; pouls petit, irrégulier ; foie très volumineux ; urines rares, peu ou pas albumineuses ; dyspnée intense, paroxystique, présentant le phénomème de Cheyne-Stokes.

Tracé 12. — Avant : pause très grande de la respiration, inspirations très superficielles.

Tracé 13. — Après la séance d'inhalations : pause respiratoire plus courte ; respirations plus amples ; le malade se sent beaucoup moins oppressé. Une heure après les inhalations, le Cheyne-Stokes disparaît, la dyspnée est beaucoup moindre.

Paris. — Typ. A. PARENT, A. DAVY, succ., imp. de la Faculté de médecine, 52, rue Madame et rue Corneille, 3

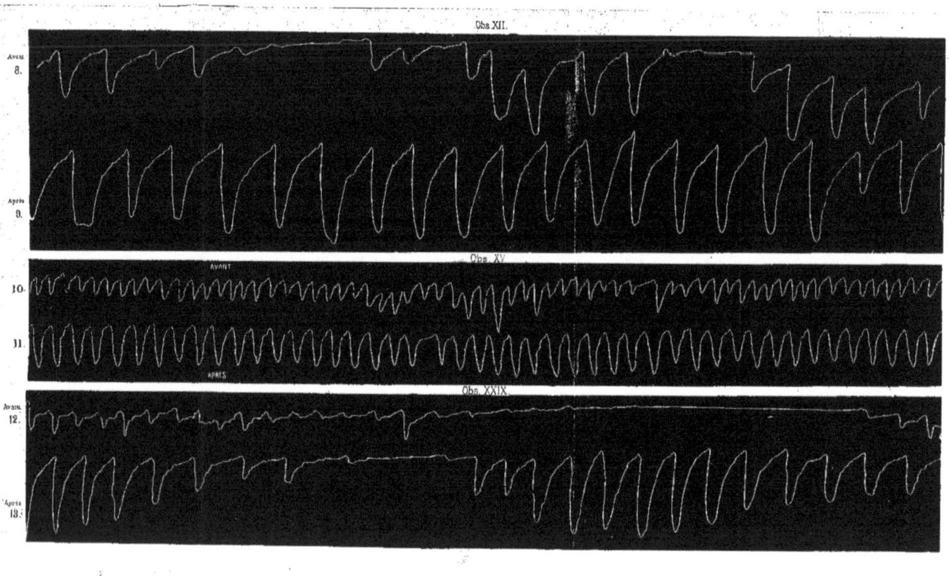

Obs. XII.
Avant
8.
Après
9.
Obs. XV
AVANT
10.
11.
APRÈS
Obs. XXIX.
Avant
12.
Après
13.